Braunschweiger Lesebuch

Braunschweiger Lesebuch

Hrsg. von Karin Tantow-Jung

edition kemenate

Inhalt

GEORG OSWALD COTT
Denkmäler   7

DANIEL KEHLMANN
Der Lehrer   17

RICARDA HUCH
Braunschweig in meiner Kinderzeit   33

HERMANN HESSE
Besuch bei einem Dichter   54

GERHARD KÖPF
Das Geheimnis der Roten Schanze   67

LUISE RINSER
Mitten im Feuerofen   78

UWE FRIESEL
Cadburry und schwebende Klaviere   87

UWE TIMM
Versuch einer Personenbeschreibung:
Benno Ohnesorg   97

UWE TIMM
Wolfenbüttelerstraße 53   109

AXEL HACKE
Meine erste Liebe: Eintracht   113

RAFIK SCHAMI
Eine harmlose Lesung   117

KARIN TANTOW-JUNG
Nachgespürt   128

Autoren und Quellenverzeichnis   138

Denkmäler

von Georg Oswald Cott

„Um Lessings Grab in Braunschweig, neben des alten Campe Garten, haben sie freien Raum gelassen. Kein Stein, kein Nichts liegt darauf. Das kommt mir recht groß vor", schreibt Zelter an Goethe.

Anders dagegen urteilt der Theaterdirektor Gustav Friedrich Wilhelm Großmann. Als Mann der Bühne schätzt er Kulissen und Requisiten und kennt deren Wirkung auf das Gemüt der Menschen. Das schlichte Grab Lessings empfindet er als Schmach, entfacht seinen Zorn ob der pietätlosen Haltung, die er bei den Nachgeborenen vermutet. 1788 verfasst Großmann einen Aufruf an die deutschen Schaubühnen, appelliert an die Dankbarkeit der Schauspieler und schlägt vor, Stücke von Lessing zu spielen und die Einnahmen zum Bau eines Lessing-Denkmals zu verwenden.

Großmanns Bitte zeigt wenig Wirkung: Viele Theaterdirektoren schweigen, ignorieren die Briefe oder sagen ab mit blumigen Ausreden und Gegenvorschlägen oder sprechen ein Nein, einfach brüsk. Nur eine Handvoll Zusagen kommen nach und nach mit Wenn und Aber.

Auch für eine erbetene Kantate zur Huldigung Lessings findet sich kein Dichter. Johann Joachim Eschenburg, der von Großmann mehrmals bedrängt wurde, das Poem zu dichten, entzieht sich dem Ansinnen.

Zwei, drei Jahre vergehen, und Großmanns ständige Appelle an Bühne und Dichter zeigen immer noch nicht den erhofften Erfolg. Es fehlen einflussreiche Helfer, vor allem aber fehlt es an Geld.

Die mit viel Energie veranstaltete Werbung für Lessings Denkmal scheint zu verpuffen, fände sich nicht die Rätin Dorothea Maria Campe, Gattin des Schriftstellers und Pädagogen Joachim Heinrich Campe. Sie wirbt für den Plan und überzeugt vor allem bei Hofe.

Kein Zweifel, das Denkmal soll in Braunschweig stehen. Zwei Orte werden auserkoren: die Bastion oder der Schlossgarten. Aber es kommt anders: Der Herzog bestimmt den Wolfenbütteler Finkenberg – ein künstlicher Hügel, Rest der damaligen Dammfestung – zum Standort des Monumentes. Von hieraus, so wird begründet, gehe der Blick zur Bibliothek, wo Lessing wirkte, gehe weiter über die Dächer der Stadt, wo der Dichter lebte, und schließlich reiche das Auge bis zum Lechlumer Holze, wo noch vor Jahren die Hexen verbrannten, manchmal ein Dutzend pro Tag. So möge der geplante Stein, derart erhöht platziert, ein für allemal jene vergangene mordbrennerische Einfalt bannen.

Die Rätin Campe entwirft eigenhändig eine Form des Denkmals, dazu Inschrift und Relief. Weitere Entwürfe fertigt der Maler Friedrich Georg Weitsch. Endlich kommt Bewegung in die Sache: Die Pläne werden öffentlich diskutiert, bejaht und verworfen. Auch Georg Christoph Lichtenberg beteiligt sich mit Sachverstand und Spott und verhilft dem Unternehmen, gewollt oder ungewollt, zu weiterer Publizität. Endlich findet sich ein Geldgeber: Julius Reichsgraf von Soden, selbst Dichter und Mäzen der Bühne. Er beauftragt den Bildhauer Friedrich Doell in Gotha, das Denkmal zu fertigen. Acht Jahre nach Großmanns Aufruf wird der Stein vollendet.

An einem schläfrigen Julitage im Jahre 1796 knarrt ein strohbepackter Leiterwagen durch Wolfenbüttel. Das Gefährt ist verstaubt, die Rösser dampfen von der Last des langen Wegs. Straßenköter laufen der Fuhre hinterher, kläffen und jaulen unter den Peitschenhieben des Kutschers. Dieser Lärm scheucht einige Gassenjungen auf. Einer von ihnen entert den Karren, wühlt im Stroh und lüftet das Geheimnis der Ladung. Die Fuhrleute fragen nach dem Weg. Die Buben zeigen in die falsche Richtung. Das sperrige Gespann verheddert sich in den winkligen Gassen, bleibt schließlich in einem Engpass stecken.

Es geht Hüh und Hott, die Pferde scheuen, sind nur mit Mühe zu zähmen. Die Schaulustigen haben ihren Jux. Das abgelegene Kaff bietet nur noch selten Abwechslung, seit die herzogliche Residenz von Wolfenbüttel nach Braunschweig zog.

Wie mit Buschtrommeln geht die Nachricht durch die Stadt: Lessings Denkmal kommt. Auch der Pastor der Hauptkirche, ein Gegner Lessings, hört die Kunde. Als schließlich der Wagen die Bibliothek erreicht, ist die Fuhre umstellt von gaffenden, gestikulierenden Menschen. Schimpfwörter und Drohgebärden begleiten das Gejohle. Einige Beherzte klatschen.

Ernst Theodor Langer, Nachfolger Lessings und neuer Bibliothekar, wird aufgeschreckt aus einem Nickerchen, er schlurft in Pantoffeln den Fuhrleuten entgegen, verweist sie auf den Finkenberg. Diese aber haben Order, das Denkmal vor der Bibliothek unweit des

Zeughauses abzuladen. Und das geschieht ohne Federlesen: Die Fuhrleute legen zwei Bohlen als Rutsche an den Wagen, einige Schaulustige spucken in die Hände, fassen mit an, und der Stein, mit Stricken gesichert, schliddert unter Hauruckrufen zu Boden.

Das Monument erweist sich als viereckige, türhohe, nach oben verjüngend gestufte Stele aus grauem Blankenburger Marmor. Die Seiten zieren in Augenhöhe aufgeschraubte weiße Marmorplatten. Die vordere trägt Lessings Profil im Hochrelief, die hintere zeigt allegorische Masken der griechischen Musen Komödie und Tragödie. Links eine Gravur in lateinischer Schrift lautet:

G. E. LESSING / WEISER . DICHTER / DEVT-
SCHLANDS. STOLZ / EINST / DER. MVSEN.
VND. SEINER / FREVNDE. LIEBLING

Und der Text auf der rechten Seite sagt:

IHM / ERRICHTETEN. DIESES / DENCK-
MAHL / EINIGE / SEINER . DANCKBAREN /
ZEITGENOSSEN / MDCCLXXXXV

Weniger dankbar tut die Bevölkerung: Sie bespuckt das Denkmal, und nachts beschmieren die Buben Lessings Kopf mit Teufelshörnern. Angestachelt von Pastoren im Ort, die dem Aufklärer Lessing Gram sind, wird der Stein immer wieder vom gutgläubigen Pöbel ramponiert. 1806 verschwindet das Ärgernis im Treppenhaus der Bibliothek. Knechte rücken den Stein dicht an die Wand, abgestellt wie ein überflüssiger Schrank.

Jahre vergehen, Großmann stirbt bereits 1796, auch Campe ist tot. So findet sich in Braunschweig kaum eine Seele, die Lessing noch kannte. Sein Grab wächst zu, bricht ein, wird vergessen. Erst 1831 wird das Grab nach längerer Suche wiederentdeckt. Schauten die Braunschweiger noch unlängst schadenfroh auf das Spektakel um Lessings Denkmal in Wolfenbüttel, so sind sie plötzlich selbst Zielscheibe des Spotts.

Carl Schiller, Historiker und Philologe, sinnt auf Wiedergutmachung, das heißt für ihn: Errichtung eines Lessing-Denkmals in Braunschweig. Er sucht Helfer, wirbt, bittet, barmt bei Hofe und den Honoratioren der Stadt. Manchmal resigniert er, macht neue Versuche.

Sechs Jahre nach Wiederentdeckung des Grabes hat er endlich genügend Verbündete gefunden. Sie gründen das Lessing-Komitee. Lauter würdige Herren treffen sich jetzt regelmäßig bei Tabak und Mumme, beraten, wie das Denkmal zu finanzieren sei. Vom Adel – erfahren beim Bau von Monumenten und Standbildern – erhoffen sie Verständnis und vor allem Geld. Bittschriften gehen an vierunddreißig regierende Monarchen. Der Postweg dauert und dauert.

Schließlich im Mai 1839 steht das Ergebnis fest: Nur acht Fürsten antworten. Spenden geben der Fürst Aloys von Lichtenstein (20 Ducaten), der Großherzog von Baden (10 Friedrichdor), Fürst Leopold von Lippe Detmold (10 Friedrichdor), Fürst Leopold von Schaumburg Bückeburg (8 Friedrichdor).

Die erfochtene Summe reicht nicht für das geplante Standbild. Wie schon bei Großmann, werden die deutschen Bühnen bemüht, sie sollen Benefizvorstellungen geben. Achtundzwanzig Theater werden direkt gebeten; wenige reagieren. Das Geld aus den Vorstellungen kommt tröpfelnd. Das Komitee sucht nach weiteren Finanzquellen, veröffentlicht Spendenaufrufe in deutschen Zeitungen, bedrängt Bankiers, Handwerker und Kaufleute.

Inzwischen bleibt Zeit, den Standort des Monumentes zu bestimmen. Wie so oft, sitzen die Männer des Komitees zusammen, stopfen ihre Pfeifen, bestellen Bier. Vor ihnen liegt der Stadtplan von Braunschweig. Baumeister Krahe markiert drei Dutzend Punkte auf dem Papier, sticht bunte Fähnchen ein, lauter Vorschläge für den Standort des Denkmals. Schiller wünscht die Statue auf der Mitte des Tummelplatzes mit dem Gesicht zur Okerbrücke. Baurat Voigt und Dr. Schröder wollen aber den Blick gerichtet wissen auf die Garnisonsschule. Der Verleger Vieweg widerspricht, er hält den Windmühlenberg für geeignet. Stadtdirektor Bode mag keine Freilandplastik, für ihn ist das Hauptschiff der Aegidienkirche der rechte Ort. Das erzürnt Professor Knolle. Vor Bartels Hause auf dem Bohlweg zwischen Stobenstraße und Damm will er den Dichter sehen, und nur dort. Es geht hin und her. Die Gesichter röten sich. Jeder glaubt, gute Gründe zu haben für seinen Vorschlag. Notar Breithaupt, der Lessing vor die Garnisonsschule postieren will, verläßt die Gesellschaft und droht mit Rücktritt.

An vielen Abenden wird noch gestritten, geschlichtet und erneut gezürnt. Endlich einigt sich das Komitee auf den Tummelplatz, ein freies, erhöhtes Gelände unweit des Bahnhofs und Teil der städtischen Promenade. Die Behörden stimmen zu. Und nach zwölfjähriger Geldsuche ist endlich die nötige Summe beisammen.

Im April 1849 erhält der Dresdner Bildhauer Ernst Rietschel den Auftrag zur Gestaltung des Denkmals. Ein neun Fuß hohes Gipsmodell entsteht und wird in der Aegidienkirche öffentlich ausgestellt, bestaunt und für würdig befunden. Derart abgesegnet, übernimmt Georg Howaldt, Lehrer am Braunschweiger Collegium Carolinum, den Guss.

Am Tummelplatz wird derweil die Baugrube für das Piedestal gegraben. Die feierliche Denkmalsenthüllung steht kurz bevor.

Indes die Gegner des Standortes formieren sich. Vor allem die Schausteller und Kaufleute sehen ihre Geschäfte zur Messe gefährdet, wenn Verkaufsstände, Schaubuden und Tierkäfige die Käufer locken. Und wer wolle Lessing, so heißt es, im Ernst die Nachbarschaft von Tanzbären, Papageien oder gar Affen zumuten. Die herzogliche Polizeidirektion fordert daraufhin das Komitee auf, unverzüglich die Grube zuzuschütten, den Platz wieder begehbar zu machen, zu pflastern, und zwar binnen drei Tagen. Widrigenfalls werden Strafen angedroht.

Ein neuer Standort muss gefunden werden. Wieder wird vorgeschlagen und verworfen, wieder wird der Stadtplan hervorgeholt, wieder markiert Krahe mit Fähnchen die möglichen Standorte des Denkmals. Nach wochenlangem Tauziehen steht der neue Standort fest: der Platz vor der Garnisonsschule. „Ein abgelegener Winkel", wie die Zeitung schreibt, „so dass man das Denkmal künftig nicht eher zu sehen bekommen wird, als bis man dicht davor steht".

1852 wächst der Sockel, derweil der bronzene Lessing ausgelagert in einem Schuppen steht. Neues Ungemach stellt sich ein: Die Maurer pfuschen beim Bau, das Fundament rutscht weg, das Podest zeigt Risse. Und nur mit Drohungen sind die Maurer zu bewegen, ihr Werk auszubessern. Jedoch der Winter verhindert die Bauarbeiten. So beginnt die Reparatur erst im folgenden Jahr und dauert bis in den Sommer.

Endlich wird als Termin der Denkmalseinweihung der 29. September 1853 bestimmt. Wochen vorher proben Chöre und Kapellen, vaterländische Vereine schniegeln ihre Uniformen und Trachten. Turner und Veteranen üben Aufmärsche, formieren sich zur Probe. Girlanden, Fahnen und allerlei Grün schmücken am Tage vor dem Ereignis den Platz, und eine ausladende Rednertribüne, mit Stoff beschlagen, prangt in den Farben der Stadt neben dem Monument.

Das metallene Standbild – noch verhüllt unter einer Plane und nachts von freiwilligen Wächtern umstellt – wird mit vier turmhohen, korkenzieherförmigen Fahnenstangen symmetrisch flankiert. Die Himmelsrichtungen des Platzes begrenzen in Reih und Glied sechzehn kleinere Fahnenstangen, denen in austariertem Abstand eine Allee von getopften Lorbeerbäumen folgt, so dass sich das Bild einer zur Platzmitte ansteigenden Pyramide ergibt, in deren Mitte die Statue thront, von der es später heißt: „Stimmig gedacht und wundervoll ausgeführt steht Lessing da; die Linke ein eben vollendetes Werk haltend, auf den unteren Teil einer cannelierten antiken Säule gestützt, die Rechte unwillkürlich auf das Herz, den Sitz der Wahrheit, den rechten Fuß im Fortschreiten begriffen, aufrecht das Haupt, mit festem kühnen Blick den Gegner suchend oder erwartend, wie zum geistigen Zweikampf."

Noch aber verbirgt der Dichter Haupt und Körper, regt unter der grauen Kappe die Fantasie der Menschen an. Und manche Gemüter glauben gar, in den verschwommenen Konturen den Leibhaftigen zu erkennen.

Ähnlich denken wohl auch die Pastoren Witting und Kelbe: Sie weigern sich, im Augenblick der Denkmalsenthüllung die Glocken von St. Magni läuten zu lassen. Und sogar die obere Kirchenbehörde, das Wolfenbütteler Consistorium, unterstützt die Priester. So muss die Feier ohne Kirchengeläut auskommen, sind Trommeln, Trompeten und die Kehlen der Sänger um so stärker gefordert.

Der 29. September, ein Donnerstag, beginnt nasskalt. Der Festzug formiert sich vor der Aegidienkirche, zieht mit Blechmusik zum Denkmal. Plötzlich, Windböen wirbeln Zylinder und schürzen die Röcke der Damen. Ein Wolkenbruch schüttet wie aus Feuerwehrschläuchen. Die Versammlung stiebt auseinander. Und Hofrat Petri, der seine Rede vorab drucken ließ und als „Worte der Weihe" für vier Groschen feilbot, kann nur noch wenige Sätze sprechen, während der Platzregen das Publikum verjagt.

Jedoch das Unwetter hat auch sein Gutes: Eine zur Feier gepflanzte Platane erhält im rechten Augenblick das nötige Wasser zum Wuchs. Heute, anderthalb Jahrhunderte später, beherrscht der inzwischen mächtige Baum mit seinem knorrigen Stamm, der gefleckten Rinde und der bizarren Blätterkrone wie ein archetypischer Wächter den Platz.

Auch das Standbild steht noch am ursprünglichen Ort. Es widerstand den Bomben und Architekten.

Allein die Tauben und der saure Regen haben den Körper garniert und Lessings Kopf hohläugig gemacht.

Derweil die Stele in der Wolfenbütteler Bibliothek wurde einige Fußlängen ins Vestibül gerückt. Sie steht nicht mehr mit dem Gesicht zur Wand.

Der Lehrer

von Daniel Kehlmann

Wer den Professor nach frühen Erinnerungen fragte, bekam zur Antwort, dass es so etwas nicht gebe. Erinnerungen seien, anders als Kupferstiche oder Postsendungen, undatiert. Man finde Dinge in seinem Gedächtnis vor, welche man manchmal durch Überlegung in die richtige Reihenfolge bringen könne.

Leblos und zweitklassig fühlte sich etwa die Erinnerung an den Nachmittag an, als er seinen Vater beim Abzählen des Lohnes korrigiert hatte. Vielleicht hatte er sie zu oft erzählen hören; sie schien ihm zurechtgebogen und unwirklich. Jede andere hatte mit seiner Mutter zu tun. Er war gefallen, sie tröstete ihn; er weinte, sie wischte die Tränen weg; er konnte nicht schlafen, sie sang ihm vor; ein Junge aus der Nachbarschaft wollte ihn prügeln, aber sie sah es, rannte ihm nach, bekam ihn zu fassen, klemmte ihn zwischen die Knie und schlug ihm ins Gesicht, bis er blutig und taub davon tappte. Er liebte sie unsagbar. Er würde sterben, stieße ihr etwas zu. Das war keine Redensart. Er wusste, dass er es nicht überleben würde. So war es gewesen, als er drei Jahre alt war, und dreißig Jahre später war es nicht anders.

Sein Vater war Gärtner, hatte meist dreckige Hände, verdiente wenig, und wann immer er sprach, beklagte er sich oder gab Befehle. Ein Deutscher, sagte er immer wieder, während er müde die abendliche Kartoffelsuppe aß, sei jemand, der nie krumm sitze. Einmal fragte Gauß: Nur das? Reiche das denn schon, um ein Deutscher zu sein? Sein Vater überlegte so lange, dass man es kaum mehr glauben konnte. Dann nickte er.

Seine Mutter war mollig und melancholisch, und außer Kochen, Waschen, Träumen und Weinen sah er sie nie etwas tun. Schreiben oder lesen konnte sie nicht. Schon früh war ihm aufgefallen, dass sie alterte. Ihre Haut verlor an Spannung, ihr Körper seine Form, ihre Augen hatten immer weniger Glanz, und jedes Jahr waren auf ihrem Gesicht neue Falten. Er wusste, dass es sich mit allen Menschen so verhielt, aber in ihrem Fall war es nicht zu ertragen. Sie verging vor seinen Augen, und er konnte nichts dagegen machen.

Die meisten späteren Erinnerungen kreisten um die Trägheit. Lange hatte er gemeint, dass die Leute Theater spielten oder einem Ritual anhingen, das sie verpflichtete, immer erst nach einer kurzen Pause zu sprechen oder zu handeln. Manchmal konnte er sich anpassen, dann wieder war es nicht auszuhalten. Erst allmählich kam er dahinter, dass sie diese Pausen brauchten. Warum dachten sie so langsam, so schwer und mühevoll? Als würden Gedanken von einer Maschine hervorgebracht, die man zuvor anwerfen und in Gang kurbeln musste, als wären sie nicht lebendig und bewegten sich von selbst. Ihm fiel auf, dass man sich ärgerte, wenn er die Pausen nicht einhielt. Er tat sein Bestes, aber oft gelang es ihm nicht.

Auch die schwarzen Zeichen in den Büchern, welche zu den meisten Erwachsenen sprachen, nicht aber zu seiner Mutter und zu ihm, störten ihn. An einem Sonntagnachmittag ließ er sich von seinem Vater, aber wie stehst du denn da, Junge, einige erklären: das mit dem großen Balken, das unten weit ausschwingende, den Halb- und den ganzen Kreis. Dann betrachtete er die Seite, bis sich die noch unbekannten ganz von allein ergänzten und da plötzlich Wörter standen. Er blätterte um, diesmal ging es schneller, ein paar Stunden später konnte er lesen, und noch am selben Abend war er mit dem Buch, das übrigens langweilig war und immerzu von Christi Tränen und der Liebesreue des Sünderherzens redete, fertig. Er brachte es seiner Mutter, um auch ihr die Zeichen zu erklären, aber sie schüttelte traurig lachend den Kopf. In diesem Moment begriff er, dass niemand den Verstand benutzen wollte. Menschen wollten Ruhe. Sie wollten essen und schlafen, und sie wollten, dass man nett zu ihnen war. Denken wollten sie nicht.

Der Lehrer in der Schule hieß Büttner und prügelte gern. Er tat, als wäre er streng und asketisch, und nur manchmal verriet sein Gesichtsausdruck, wie viel Spaß ihm das Zuschlagen machte. Am liebsten stellte er ihnen Aufgaben, an denen sie lange arbeiten mussten und die trotzdem kaum ohne Fehler zu lösen waren, so dass es zum Schluss einen Anlass gab, den Stock hervorzuholen. Es war das ärmste Viertel Braunschweigs, keines der Kinder hier würde eine höhere Schule besuchen, niemand mit etwas anderem arbeiten als den Händen. Er wusste, dass Büttner ihn nicht leiden konnte. So stumm er sich auch verhielt und so sehr er versuchte, langsam wie alle zu antworten, spürte er doch Büttners Misstrauen, und dass der Lehrer nur auf einen Grund wartete, ihn ein wenig fester zu schlagen als den Rest.

Und dann gab er ihm einen Grund.

Büttner hatte ihnen aufgetragen, alle Zahlen von eins bis hundert zusammenzuzählen. Das würde Stunden dauern, und es war beim besten Willen nicht zu schaffen, ohne irgendwann einen Additionsfehler zu machen, für den man bestraft werden konnte. Na los, hatte Büttner gerufen, keine Maulaffen feilhalten, anfangen, los! Später hätte Gauß nicht mehr sagen können, ob er an diesem Tag müder gewesen war als sonst oder einfach nur gedankenlos. Jedenfalls hatte er sich nicht unter Kontrolle gehabt und stand nach drei Minuten mit seiner Schiefertafel, auf die nur eine einzige Zeile geschrieben war, vor dem Lehrerpult.

So, sagte Büttner und griff nach dem Stock. Sein Blick fiel auf das Ergebnis, und seine Hand erstarrte. Er fragte, was das solle.

Fünftausendfünfzig.

Was?

Gauß versagte die Stimme, er räusperte sich, er schwitzte. Er wünschte nur, er wäre noch auf seinem Platz und rechnete wie die anderen, die mit gesenktem Kopf dasaßen und taten, als hörten sie nicht zu. Darum sei es doch gegangen, eine Addition aller Zahlen von eins bis hundert. Hundert und eins ergebe hunderteins. Neunundneunzig und zwei ergebe hunderteins. Achtundneunzig und drei ergebe hunderteins. Immer hunderteins. Das könne man fünfzigmal machen. Also fünfzig mal hunderteins.

Büttner schwieg.

Fünftausendfünfzig, wiederholte Gauß, in der Hoffnung, dass Büttner es ausnahmsweise verstehen würde.

Fünfzig mal hunderteins sei fünftausendfünfzig. Er rieb sich die Nase. Er war nahe am Weinen.

Gott verdamm mich, sagte Büttner. Dann schwieg er lange. Auf seinem Gesicht arbeitete es: Er sog die Wangen ein und machte ein langes Kinn, er rieb sich die Stirn und klopfte sich an die Nase. Dann schickte er Gauß auf seinen Platz. Er solle sich setzen, den Mund halten und nach dem Unterricht dableiben.

Gauß holte Luft.

Widerworte, sagte Büttner, und sofort setze es den Knüttel.

Also erschien Gauß nach der letzten Lektion mit gesenktem Kopf vor dem Lehrerpult. Büttner verlangte sein Ehrenwort, und zwar bei Gott, der alles sehe, dass er das allein ausgerechnet habe. Gauß gab es ihm, aber als er erklären wollte, dass doch nichts daran sei, dass man ein Problem nur ohne Vorurteil und Gewohnheit betrachten müsse, dann zeige es von selbst seine Lösung, unterbrach ihn Büttner und reichte ihm ein dickes Buch. Höhere Arithmetik: ein Steckenpferd von ihm. Gauß solle es mit nach Hause nehmen und durchsehen. Und zwar vorsichtig. Eine geknickte Seite, ein Fleck, der Abdruck eines Fingers, und es setze den Knüttel, dass der Herrgott gnaden möge.

Am nächsten Tag gab er das Buch zurück.

Büttner fragte, was das solle. Natürlich sei es schwierig, aber so schnell gebe man nicht auf!

Gauß schüttelte den Kopf, wollte erklären, konnte nicht. Seine Nase lief. Er musste schniefen.

Na was denn!

Er sei fertig, stotterte er. Es sei interessant gewesen, er wolle sich bedanken. Er starrte Büttner an und betete, dass es genug sein würde.

Man dürfe ihn nicht belügen, sagte Büttner. Das sei

das schwierigste Lehrbuch deutscher Zunge. Niemand könne es an einem Tag studieren, schon gar nicht ein Achtjähriger mit triefender Nase.

Gauß wusste nicht, was er sagen sollte.

Büttner griff mit unsicheren Händen nach dem Buch. Er könne sich auf etwas gefasst machen, jetzt werde er ihn befragen!

Eine halbe Stunde später sah er Gauß mit leerer Miene an. Er wisse, dass er kein guter Lehrer sei. Er habe weder eine Berufung noch besondere Fähigkeiten. Aber jetzt sei es soweit: Wenn Gauß nicht aufs Gymnasium komme, habe er umsonst gelebt. Er musterte ihn mit verschwommenem Ausdruck, dann, wahrscheinlich um seine Rührung zu bekämpfen, fasste er nach dem Stock, und Gauß erhielt die letzte Tracht Prügel seines Lebens.

Am selben Nachmittag klopfte ein junger Mann an die Tür des Elternhauses. Er sei siebzehn Jahre alt, heiße Martin Bartels, studiere Mathematik und arbeite als Büttners Assistent. Er bitte um ein paar Worte mit dem Sohn des Hauses.

Er habe nur einen, sagte der Vater, und der sei acht Jahre alt.

Eben den, sagte Bartels. Er bitte um Erlaubnis, mit dem jungen Herrn dreimal die Woche Mathematik treiben zu dürfen. Von Unterricht wolle er nicht sprechen, denn der Begriff scheine ihm unpassend, er lächelte nervös, für eine Tätigkeit, bei der er vielleicht mehr zu lernen habe als der Schüler.

Der Vater forderte ihn auf, gerade zu stehen. Das sei alles Blödsinn! Er dachte eine Weile nach. Andererseits spreche nichts dagegen.

Ein Jahr lang arbeiteten sie zusammen. Zu Beginn freute Gauß sich auf die Nachmittage, die immerhin die Gleichförmigkeit der Wochen unterbrachen, obwohl er für Mathematik nicht viel übrig hatte, Lateinstunden wären ihm lieber gewesen. Dann wurde es langweilig. Bartels dachte zwar nicht ganz so schwerfällig wie die anderen, aber mühsam war es auch mit ihm.

Bartels erzählte, dass er mit dem Rektor des Gymnasiums gesprochen habe. Wenn sein Vater es erlaube, erhalte Gauß dort eine Freistelle.

Gauß seufzte.

Es gehöre sich nicht, sagte Bartels vorwurfsvoll, dass ein Kind immer traurig sei!

Er überlegte, die Bemerkung schien ihm interessant. Warum er traurig war? Vielleicht, weil er sah, wie seine Mutter starb. Weil die Welt sich so enttäuschend ausnahm, sobald man erkannte, wie dünn ihr Gewebe war, wie grob gestrickt die Illusion, wie laienhaft vernäht ihre Rückseite. Weil nur Geheimnis und Vergessen es erträglich machten. Weil man es ohne den Schlaf, der einen täglich aus der Wirklichkeit riss, nicht aushielt. Nicht Wegsehenkönnen war Traurigkeit. Wachsein war Traurigkeit. Erkennen, armer Bartels, war Verzweiflung. Warum, Bartels? Weil die Zeit immer verging.

Gemeinsam überzeugten Bartels und Büttner seinen Vater davon, dass er nicht in der Spinnerei arbeiten, sondern aufs Gymnasium sollte. Unwillig stimmte der Vater zu und gab ihm den Rat mit, sich immer, was geschehe, aufrecht zu halten. Schon längst hatte Gauß Gärtnern bei der Arbeit zugesehen und verstanden, dass seinen Vater nicht die Unmoral der Menschen, sondern der chronische Rückenschmerz seines Berufsstandes umtrieb. Er bekam zwei neue Hemden und einen Freitisch beim Pastor.

Die Höhere Schule enttäuschte ihn. Viel lernte man wirklich nicht: Etwas Latein, Rhetorik, Griechisch, Mathematik auf lachhaftem Niveau, ein bisschen Theologie. Die neuen Mitschüler waren nicht viel klüger als die alten, die Lehrer schlugen zwar nicht seltener, aber immerhin weniger fest. Bei ihrem ersten Mittagessen fragte ihn der Pastor, wie es in der Schule gehe.

Leidlich, antwortete er.

Der Pastor fragte, ob ihm das Lernen schwer falle. Er zog die Nase hoch und schüttelte den Kopf.

Hüte dich, sagte der Pastor.

Gauß sah überrascht auf.

Der Pastor blickte ihn streng an. Stolz sei eine Todsünde!

Gauß nickte.

Das solle er nie vergessen, sagte der Pastor. Sein Leben lang nicht. Wie klug man auch sei, man habe demütig zu bleiben.

Warum?

Der Pastor bat um Verzeihung. Er habe wohl falsch verstanden.

Nichts, sagte Gauß, gar nichts.

Doch, sagte der Pastor, er wolle das hören.

Er meine es rein theologisch, sagte Gauß. Gott habe einen geschaffen, wie man sei, dann aber solle man sich ständig bei ihm dafür entschuldigen. Logisch sei das nicht.

Der Pastor äußerte die Vermutung, dass etwas mit seinen Ohren nicht stimme.

Gauß holte ein sehr schmutziges Taschentuch hervor und schnäuzte sich. Er sei überzeugt, dass er etwas missverstehe, aber ihm erscheine das wie eine mutwillige Verkehrung von Ursache und Wirkung.

Bartels besorgte ihm einen neuen Freitisch bei Hofrat Zimmermann, einem Professor an der Göttinger Universität. Zimmermann war hager und leutselig, betrachtete ihn nie ohne eine höfliche Furcht und nahm ihn mit zu einer Audienz beim Herzog von Braunschweig.

Der Herzog, ein freundlicher Herr mit zuckenden Augenlidern, erwartete sie in einem goldgeschmückten Raum, in dem so viele Kerzen brannten, dass es keine Schatten gab, nur Reflexionen in den Deckenspiegeln, die einen zweiten, gleichsam umgefalteten Raum über ihren Köpfen schweben ließen. Das sei also das kleine Genie?

Gauß machte die Verbeugung, die man ihm beigebracht hatte. Er wusste, dass es bald keine Herzöge mehr geben würde. Dann würde man von absoluten Herrschern nur mehr in Büchern lesen, und der Gedanke, vor einem zu stehen, sich zu verneigen und auf sein Machtwort zu warten, käme jedem Menschen fremd und märchenhaft vor.

Rechne was, sagte der Herzog.

Gauß hustete, ihm war heiß und schwindlig. Die Kerzen verbrauchten fast die gesamte Luft. Er sah in die Flammen, und plötzlich wurde ihm klar, dass Professor Lichtenberg unrecht hatte und die Phlogistonhypothese unnötig war. Es war kein Lichtstoff, der brannte, sondern die Luft selbst.

Mit Verlaub, sagte Zimmermann, da liege ein Missverständnis vor. Der junge Mann sei kein Rechenkünstler. Im Gegenteil, er sei nicht einmal sehr gut im Rechnen.

Doch Mathematik habe, wie Seine Hoheit natürlich wisse, nichts mit Additionskunst zu tun. Vor zwei Wochen habe der Junge, ganz auf sich gestellt, Bodes Gesetz der Planetenentfernungen abgeleitet, danach zwei ihm unbekannte Theoreme Eulers neu entdeckt. Auch zur kalendarischen Arithmetik habe er Erstaunliches beigetragen: Seine Formel zur Berechnung des Osterdatums finde mittlerweile in ganz Deutschland Verwendung. Seine Leistungen in der Geometrie seien außerordentlich. Einiges sei bereits publiziert, wenn auch natürlich unter dem Namen des einen oder anderen Lehrers, da man den Knaben nicht der Verderblichkeit frühen Ruhmes aussetzen wolle

Er interessiere sich mehr fürs Lateinische, sagte Gauß heiser. Auch könne er Dutzende Balladen.

Der Herzog fragte, ob da jemand geredet habe.

Zimmermann stieß Gauß in die Rippen. Er bitte um Entschuldigung, der junge Mann stamme aus groben Verhältnissen, sein Benehmen lasse noch zu wünschen übrig. Doch er verbürge sich dafür, dass nur ein Stipendium des Hofes zwischen ihm und jenen Leistungen stehe, welche den Ruhm des Vaterlandes mehren würden.

Also werde jetzt nichts gerechnet, fragte der Herzog.

Leider nein, sagte Zimmermann.

Na ja, sagte der Herzog enttäuscht. Dann solle er das Stipendium trotzdem haben. Und wiederkommen, wenn er etwas vorzeigen könne. Er sei sehr für die Wissenschaft. Sein liebster Patensohn, der kleine Alexander, sei eben aufgebrochen, um in Südamerika Blumen zu suchen. Vielleicht züchte man hier ja noch so einen Kerl! Er machte eine entlassende Handbewegung, und wie sie es geübt hatten, gingen Zimmermann und Gauß unter Verbeugungen rückwärts durch die Tür.

Bald darauf kam Pilâtre de Rozier in die Stadt. Gemeinsam mit dem Marquis d'Arland war er in einem Korb, welchen die Montgolfiers an einem mit Heißluft gefüllten Beutel befestigt hatten, fünfeinhalb Meilen über Paris geflogen. Nach der Landung hatten, so hieß es, zwei Männer den Marquis stützen und wegführen müssen, er habe Unsinn geredet und behauptet, geflügelte Lichtwesen mit Frauenbüsten und Vogelschnäbeln hätten sie umflogen. Erst nach Stunden hatte er sich beruhigt und alles auf die Überreizung seiner Nerven geschoben. Pilâtre dagegen war gefasst geblieben und hatte auf alle Fragen geantwortet. So besonders sei es nicht gewesen; man meine, am gleichen Ort zu bleiben, während der Erdboden unter einem in die Tiefe sinke. Doch das verstehe nur, wer es erlebt habe. Jeder andere müsse es entweder für größer oder für gewöhnlicher halten, als es sei.

Pilâtre war mit eigenem Fluggerät und zwei Assistenten auf dem Weg nach Stockholm. Er hatte in einem der billigeren Gasthöfe übernachtet und wollte eben weiterziehen, als der Herzog ihn um eine Vorführung bitten ließ.

Pilâtre sagte, das sei aufwendig und komme ihm nicht gelegen.

Der Bote gab zu bedenken, dass der Herzog es nicht gewohnt sei, seine Gastfreundschaft mit Grobheit erwidert zu sehen.

Welche Gastfreundschaft, fragte Pilâtre. Er habe für seine Unterkunft bezahlt, und allein die Vorbereitung des Ballons würde ihn zwei Reisetage kosten.

Vielleicht könne man in Frankreich so mit der Obrigkeit sprechen, sagte der Bote, dort sei ja allerhand möglich. In Braunschweig aber solle er sich gut überlegen, ihn mit solch einer Antwort zurückzusenden.

Pilâtre fügte sich. Er hätte es wissen müssen, sagte er müde, in Hannover sei das gleiche passiert, in Bayern ebenso. Er werde also in Christi Namen morgen Nachmittag vor den Toren dieser dreckigen Stadt in die Luft steigen. Am nächsten Morgen klopfte jemand an seine Tür. Ein Junge stand draußen, sah mit aufmerksamen Augen zu ihm auf und fragte, ob er mitfliegen dürfe.

Mitfahren, sagte Pilâtre. Mit dem Ballon fahre man. Man sage nicht fliegen, sondern fahren. So sei es Sitte unter Ballonleuten.

Welchen Ballonleuten?

Er sei der erste, sagte Pilâtre, und er habe es so verfügt. Und nein, natürlich könne keiner mitfahren. Er tätschelte ihm die Wange und wollte die Tür schließen.

Das sei sonst nicht seine Art, sagte der Junge und wischte sich die Nase mit dem Handrücken ab. Aber sein Name sei Gauß, er sei nicht unbekannt, und in Kürze werde er so große Entdeckungen machen wie Isaac Newton. Das sage er nicht aus Eitelkeit, sondern weil die Zeit knapp und es nötig sei, dass er an dem Flug teilnehme. Man sehe doch die Sterne von da oben besser, nicht wahr? Klarer und nicht verschleiert von Dunst?

Darauf könne er wetten, sagte Pilâtre.

Deshalb müsse er mit. Er wisse viel über Sterne. Man könne ihn der schärfsten Prüfung unterziehen.

Pilâtre lachte und fragte, wer einem kleinen Mann denn beibringe, so schön zu reden. Er überlegte eine

Weile. Na gut, sagte er schließlich, wenn es um die Sterne gehe!

Am Nachmittag, vor einer Menschenmenge, dem Herzog und dem salutierenden Gardebataillon, füllte ein Feuer durch zwei Schläuche den Pergamentbeutel allmählich mit Hitze. Niemand hatte erwartet, dass es so lange dauern würde. Die Hälfte der Zuschauer war bereits gegangen, als der Ballon sich rundete, und kaum ein Viertel war noch da, als er zu steigen begann und zögernd vom Boden abhob. Die Seile strafften sich, Pilâtres Assistenten lösten die Schläuche, der kleine Korb ruckte, und Gauß, der vor sich hin flüsternd auf dem geflochtenen Boden kauerte, wäre schon hochgesprungen, hätte Pilâtre ihn nicht hinuntergedrückt.

Noch nicht, keuchte er. Betest du?

Nein, flüsterte Gauß, er zähle Primzahlen, das mache er immer, wenn er nervös sei.

Pilâtre hob den Daumen, um die Windrichtung zu prüfen. Der Ballon würde steigen, dann treiben, wohin der Wind wollte, dann wieder sinken, wenn die Luft in ihm abkühlte. Eine Möwe schrie ganz nahe am Korb. Noch nicht, rief Pilâtre, noch nicht. Noch nicht. Jetzt! Und halb am Kragen, halb an den Haaren riss er Gauß empor.

Das in die Ferne gekrümmte Land. Der tiefe Horizont, die Hügelkuppen, halb aufgelöst im Dunst. Die heraufstarrenden Menschen, winzige Gesichter um das noch brennende Feuer, daneben die Dächer der Stadt. Rauchwölkchen, festgesteckt an Schornsteinen. Ein Weg schlängelte sich durch das Grün, darauf ein insektenkleiner Esel. Gauß klammerte sich an den Korbrand, und erst als er den Mund zumachte, wurde ihm klar, dass er die ganze Zeit geschrien hatte.

So sieht Gott die Welt, sagte Pilâtre.

Er wollte antworten, aber er hatte keine Stimme mehr. Mit welcher Kraft die Luft sie schüttelte! Und die Sonne – warum so viel heller hier oben? Seine Augen taten weh, aber er konnte sie nicht schließen. Und der Raum selbst: eine Gerade von jedem Punkt zu jedem, von diesem Dach zu dieser Wolke, zur Sonne, zum Dach zurück. Aus Punkten Linien, aus Linien Flächen und aus Flächen Körper, doch damit war es nicht getan. Seine feine Biegung, von hier oben war sie fast zu sehen. Er spürte Pilâtres Hand auf seiner Schulter. Nie mehr hinab. Hinauf und weiter hinauf, bis kein Land mehr unter ihnen wäre. Eines Tages würden das Menschen erleben. Dann würde jeder fliegen, als wäre es normal, aber dann würde er tot sein. Er spähte aufgeregt in die Sonne, das Licht veränderte sich. Die Dämmerung schien wie Nebel in den noch hellen Himmel zu steigen. Ein paar letzte Flammen, das Rot am Horizont, dann keine Sonne mehr, dann die Sterne. Drunten ging es nie so schnell.

Wir sinken schon, sagte Pilâtre.

Nein, bettelte er, noch nicht! So viele von ihnen, und jede Minute mehr. Jeder eine sterbende Sonne. Jeder verging, und alle folgten ihren Bahnen, und wie es Formeln gab für jeden Planeten, der um eine Sonne, und jeden Mond, der um einen Planeten kreiste, gab es auch eine Formel, unendlich kompliziert wohl, aber vielleicht auch nicht, womöglich versteckt in ihrer eigenen Einfachheit, die all diese Bewegungen beschrieb, jede Drehung jedes einzelnen um jeden; vielleicht musste man nur lange genug schauen. Seine Augen schmerzten. Ihm war, als hätte er seit langem nicht geblinzelt.

Gleich sind wir unten, sagte Pilâtre.

Noch nicht! Er stellte sich auf die Zehenspitzen, als könnte das helfen, starrte hinauf, begriff zum ersten mal, was Bewegung war, was ein Körper, was vor allem der Raum, den sie zwischen sich aufspannten und der sie alle, auch ihn, Pilâtre und diesen Korb, umfasst hielt. Der Raum, der –

Sie krachten in das Holzgestell eines Heustapels, ein Seil riss, der Korb kippte, Gauß rollte in eine Lehmpfütze, Pilâtre fiel unglücklich, verstauchte sich den Arm und stieß, als er den Riss in der Pergamenthaut sah, so unselige Flüche aus, dass der von seinem Haus herbeilaufende Bauer stehen blieb und drohend seinen Spaten aufhob. Atemlos kamen die Assistenten und falteten den zerknitternden Ballon zusammen. Pilâtre hielt sich den Arm und gab Gauß einen schmerzhaft festen Klaps.

Er wisse es jetzt, sagte Gauß.

Na was denn?

Dass alle parallelen Linien einander berührten.

Fein, sagte Pilâtre.

Sein Herz raste. Er überlegte, ob er dem Mann erklären sollte, dass er nur ein geschwungenes Ruder am Korb anbringen musste, um den Luftstrom umzulenken und den Ballon in eine bestimmte Richtung zu zwingen. Aber dann schwieg er. Er war nicht gefragt worden, und es war nicht höflich, den Leuten Ideen aufzudrängen. Es lag so nahe, dass es bald einem anderen einfallen würde.

Jetzt aber wollte dieser Mann ein dankbares Kind sehen. Mit Mühe brachte Gauß ein Lächeln auf sein

Gesicht, breitete die Arme aus und verneigte sich wie eine Marionette. Pilâtre freute sich, lachte und strich ihm über den Kopf.

Braunschweig in meiner Kinderzeit

VON RICARDA HUCH

Wenn ich von unserem Hause, Hohetorpromenade 11, zur Schule ging, kam ich nach ein paar hundert Schritten zu Oppenheimers Ecke. Das war ein schönes, breitausladendes Haus, vor dem sich ein sehr gepflegter Garten mit bunten, nach der Jahreszeit wechselnd bepflanzten Beeten ausbreitete. Der Besitzer des Grundstücks, Herr Oppenheimer, war ein großer, hagerer alter Herr, dessen blaue Augen, wenn man ihm begegnete, mit etwas starrem Blick auf einem ruhten. Seine Frau war eher klein und dick und trug ihr weißes Haar in sorgfältig geordneten Puffen. Oppenheimers waren sehr geachtet; man wusste, dass ihre Wohltätigkeit sich nicht nur auf ihre Glaubensgenossen bezog. Hier an dieser Ecke führte die Sonnenstraße in die Stadt. Auf der rechten Seite, Oppenheimers gegenüber, trug eine unscheinbare Pforte das Schild des Dr. Proël, von dessen Söhnen der eine, Bruno, ein Kamerad meines Bruders war. Weiterhin kam der Laden unseres Bäckers, des Herrn Reddehase, dessen kleines rothaariges Söhnchen, ich glaube es hieß Fritz, sich zuweilen eins der knusprigen Brötchen vom Ladentisch mauste. Da die Verkäuferin ihm seinen Raub abzujagen pflegte, kam der Schelm auf einen rettenden Einfall; er ergriff zwei Semmeln, biss schnell in jede hinein und lief damit davon. Die Morgensemmeln hießen damals Franzbröte. Die Morich'sche Schule, die ich besuchte, lag, wenn ich nicht irre, in der Steinstraße, zu der man, bevor man zum Altstadtmarkt kam, abbog. In der Neuen Straße und der Schuhstraße waren die meisten von den Geschäften, wo wir unsere Einkäufe machten. Deutlich sehe ich Herrn Meyer, unseren Schuhmacher, vor mir, wie er mit liebenswürdiger Dienstfertigkeit alles versprach und mit unbefangener Selbstverständlichkeit nichts hielt.

Umsonst beschwor man ihn, einen festen, wenn auch noch so späten Termin für die Ablieferung seiner Ware zu setzen und innezuhalten, er blieb bei seiner Methode. Alle scherzhaften und ernsthaften Vorwürfe und Anspielungen, Bitten und Drohungen beantwortete er mit unerschütterlicher Freundlichkeit und dem Versprechen, in kürzester Zeit die Stiefel fertig zu stellen, die er soeben angemessen hatte. Man ließ sich damals sowohl Schuhe wie Handschuhe nach Maß anfertigen, fertig gekaufte Bekleidungsstücke zu tragen galt für unfein. Es war jedes mal eine aufregende Sache, wenn die Stiefel fertig waren und angepasst wurden. Herr Meyer fand immer, dass sie ausgezeichnet saßen, wie man selbst auch darüber denken mochte. Er hatte dünnes, strohfarbenes Haar, das glatt pomadisiert war und ein scharfgeschnittenes, von lästigen Falten durchzogenes Gesicht. Es gab viel Ärger und Enttäuschungen im Verkehr mit Herrn Meyer, aber zu einem anderen Schuhmacher zu gehen, kam für uns nicht in Frage. Stoffe und Kleider bezog man von den Brüdern Witting, von denen es drei, einander ziemlich ähnliche, gab. Einer von ihnen war immer im Laden, sah nach dem Rechten und bediente die bevorzugten Kunden selbst. Anziehender war für mich das Geschäft des Herrn Nehrkorn, wo es kunstgewerbliche Gegenstände gab. Obwohl das Kunstgewerbe damals auf sehr niedriger Stufe stand, da nach dem Verfall des Biedermeier noch kein neuer Stil gefunden war, konnte Herr Nehrkorn doch zuweilen sehr geschmackvolle Gegenstände ausstellen, Bilderrahmen, Kassetten, Uhren, die es mir antaten. Ich besitze noch ein Poesiealbum aus schwarzem Leder, auf dem mit zarten Farben ein Kranz gemalt ist, das ich lange im Schaufenster bewundert hatte, bevor ich es geschenkt bekam. Dieser Laden hatte für mich den Reiz eines morgenländischen Gewölbes, aus dessen Dunkel verborgene Schätze hervorquellen. In der Neuen Straße war die Musikalienhandlung von Julius Bauer.

Herr Bauer war in Aussehen und Haltung ein Gentleman, und man fühlte sich ihm unwillkürlich zu Dank verpflichtet, wenn er einem Noten verkaufte. Das Spielzeuggeschäft von Kahle, Vor der Burg, hatte, solange ich Kind war, die für mich wichtigsten Auslagen, besonders vor Weihnachten. Ich spielte nicht mit Puppen, sondern mit Tieren; diese liebte ich leidenschaftlich, und sie nahmen einen breiten Platz in meinen Gedanken ein. Wir hatten auch lebendige Tiere: Katzen, Hunde, Vögel, Frösche, die ich liebte; das hinderte nicht, dass auch die künstlichen zu meinem Glück gehörten. Teddybären kannte man damals noch nicht; die Tiere waren meistens aus Papiermache und standen auf Brettern. Von meinem Pferdchen mit braunem Fell konnte ich mich nicht trennen als ich erwachsen war und nahm es mit nach Zürich, wo ich studieren wollte. Eine so lebhafte Freude habe ich als Kind kaum empfunden, wie über einen Elefanten. Ein paar Tage vor

Weihnachten entdeckte ich auf einem Schrank im Zimmer meiner Großmutter ein Paket, aus dem ein weißer Zahn hervorstieß, und ich erriet, dass das der Elefant war, den ich mir ungestüm gewünscht hatte. Die Vorfreude vervielfachte mein Glück; eine Überraschung am Weihnachtsabend hätte sich in der allgemeinen Festseligkeit verloren, während die Gewissheit des erfüllten Wunsches mich in eine dauernd gehobene Stimmung versetzte.

Großen Reiz hatte für mich der kleine dunkle Laden des Buchbinders Adolf Kreye, Hintern Brüdern. Herr Kreye war ein alter Mann im grauen Schlafrock und warmer Mütze, was er verkaufte, war bunt und verlockend: Schreibhefte, Federkästen, Federhalter und Bleistifte. Die modernen Schulkinder kommen mir bedauernswert vor mit ihren lustlosen blauen Schreibheften; wir konnten verschiedenartig schöne benutzen, glänzendweiße mit Blau und Gold verziert, farbige mit Bildern deutscher Helden wie Tell, Winkelried, Luther, Karl der Große. Federhalter gab es von Ebenholz, in Perlmutter, geschnitzt und bemalt, Federkästen aus Leder oder aus Holz und allerliebste Federbüchschen. Mit meinem Handwerkszeug trieb ich Aufwand.

Die Lebensmittelgeschäfte, die in Braunschweig außerordentlich ergiebig waren, interessierten mich nicht so wie heute, ausgenommen die Konditoreien. Am Kohlmarkt gab es einen Konditor, dessen Namen ich vergessen habe, obwohl ich ihn noch vor mir sehe, klein und bucklig, mit einem scharfen Zwergengesicht, wie Verwachsene es oft haben, immer ganz in Weiß. Da gab es Mazarinen, Mohrenköpfe und Windbeutel. Den köstlichen Zucker- oder Butterkuchen, der sich, je nach

Wunsch, über den ganzen Tisch erstreckte, bezog man vom Bäcker Freytag auf dem Bohlweg. Bei Gustav Wagner auf dem Hagenmarkt wurde Weihnachten das Marzipan gekauft. Wir Kinder durften uns unser Lieblingsessen in Marzipan wünschen, das dort täuschend hergestellt wurde; mein Bruder und ich wünschten uns Zwetschen und Klöße. Alles, was aus der Konditorei Wagner kam, war vom Nimbus klassischer Vollendung umgeben.

Buchhandlungen gab es zwei: Friedrich Wagner am Bohlweg, der, wenn ich nicht irre, der Bruder von Gustav war, und Kallmeyer, Vor der Burg. Friedrich Wagner pflegte einige Wochen vor Weihnachten ein großes Paket mit Kinderbüchern zu schicken, die wir betrachten durften, um unsere Wünsche danach einzurichten. Die Abende, wo wir an einem großen runden Tisch saßen und in den Büchern blätterten, die prickelnd nach frischem Druck rochen, waren voll harmonischer Stimmung. Einmal war unter den Büchern eine Indianergeschichte mit dem Titel Isolina. Auf dem Umschlag war die Heldin abgebildet im Sombrero und losem Umhang, jünglingshaft, neben einem gestürzten Pferd stehend. Das Buch, das ich auf meinen glühenden Wunsch hin geschenkt bekam, ist mir leider verlorengegangen. Fast noch lieber wurde mir der Elfenreigen von Villamaria, der damals, wie fast alle Kinderbücher, sehr hübsch illustriert war. Die späteren Ausgaben sind den ersten in dieser Beziehung nicht von ferne gleichgekommen.

Eine Leihbibliothek führten zwei ältliche Schwestern, von denen viele Anekdoten umliefen. Neugierig und gesprächig wie sie waren und durch die zahlreiche Kundschaft von allem was in der Stadt wirklich oder vermutlich vorging unterrichtet, stellten sie eine Art Auskunftei vor. Einmal handelte es sich um eine Verlobung oder Entlobung oder Scheidung, kurz um eine Angelegenheit, die nach dem Wunsche der Beteiligten noch geheim bleiben sollte, und eine Dame, die unbedachterweise soeben davon gesprochen hatte, kehrte in den Laden zurück mit der Bitte, die Sache einstweilen zu verschweigen. „Ach", rief das Fräulein bedauernd, „meine Schwester is er gerade mit los!" Da Leihbibliotheksbücher bei uns nicht gelesen wurden, habe ich die betriebsamen Schwestern nicht gekannt.

Neben den gekauften Büchern lieferte den Lesestoff die sogenannte Mappe, eine Auswahl an Zeitschriften, die der Abonnent nach Belieben bestimmte und die jede Woche gewechselt wurde. Der Sonnabendabend, an dem die Mappe kam, erhielt dadurch einen festlichen Anstrich. Die ganze Familie suchte sich dann gegenseitig im Erwischen der beliebten Hefte zuvorzukommen. Es gab bei uns die Leipziger Illustrierte, Über Land und Meer, Illustrated London News, Gartenlaube, Daheim, Das Neue Blatt, Fliegende Blätter, Punch, Kladderadatsch, Westermanns Monatshefte, Grenzboten und einige andere Blätter mehr wissenschaftlichen Charakters, die uns Kinder nicht interessierten. Die Gartenlaube brachte die Romane der Marlitt, die auch von gebildeten Männern mit Anteil gelesen wurden, Das Neue Blatt Hintertreppenromane, die wie mit Fäusten bunt und wild hingekleckst waren. Wir Kinder stürzten uns auf die Fliegenden Blätter, die zuweilen ein Oberländer schmückte. Als ich etwas älter war, las ich gern die Blätter für literarische Unterhaltung, in denen Paul Lindau irgendeinem Dichterling mit der Waffe des Witzes zu

Leibe ging, und in denen zuweilen Gedichte standen, die ich abschrieb. Die Holzschnitte in den illustrierten Heften waren im allgemeinen durchaus minderwertig. Diese Kunst hatte in den sechziger Jahren ihre letzten Ausläufer und starb dann ganz ab.

Nicht weit von uns war das Atelier des Photographen Emil Schultz, der uns Kinder durch das Vorhalten von interessanten Gegenständen, hauptsächlich einer ausgestopften Taube, in Staunen setzte und dadurch das erforderliche Stillhalten auf natürliche Art bewirkte. Da das Liebhaberphotographieren noch nicht üblich war, wurden namentlich die Kinder häufig aufgenommen. Die Bilder waren nicht so kunstvoll hergestellt wie jetzt, wo durch Licht- und Schattenverteilung so außerordentliche Ergebnisse erzielt werden; aber durch ihre schlichte Unmittelbarkeit und Aufrichtigkeit sind sie sehr anziehend.

Ebenso wie mit dem Photographen bestand mit unserem Zahnarzt Dr. Niemeyer ein fast familiäres Verhältnis. Dr. Niemeyer war ein sehr gebildeter und sympathischer Mann, konnte aber, wie schonend und rücksichtsvoll er auch seine Patienten behandelte, nicht verhindern, dass das Zahnziehen eine Folter war, vor der auch der Tapfere erbleichte. Man erzählte von einem jungen Mädchen, das sich im letzten Augenblick aus dem Fenster stürzte, den Tod vorziehend. Nur durch Chloroform und später durch Lachgas konnte der Schmerz ausgeschaltet werden; aber nur in besonderen Fällen wandten die Zahnärzte das an. Ich war, glaube ich, 12 Jahre alt, als mir ein Backenzahn gezogen wurde. Man sagte mir, es sei nur ein kleiner Ruck, der ein wenig weh tue, und ich setzte mich vertrauensvoll und sorglos zu der Prozedur hin. Die Enttäuschung war schauderhaft und unvergesslich. Mein Vater hatte mit Dr. Niemeyer die Verabredung getroffen, dass er, wenn es notwendig würde, an dem Tage, wo er Mut gefasst hätte, kommen und auf den Zahn deuten werde, und dass Dr. Niemeyer dann, ohne noch ein Wort zu sagen, sofort zur Zange greifen und ziehen solle. An dem hübsch gelegenen Hause, wo Dr. Niemeyer seine Praxis ausübte, ging ich nie ohne Grauen vorüber, obwohl ich ihn persönlich sehr gern leiden mochte. Nach seinem allzu frühen Tode war der später sehr angesehene Dr. Walkhoff sein Nachfolger.

Die allgemeine Gesundheit lag in den Händen des Hausarztes, der von Zeit zu Zeit kam und sich von uns Kindern die Zunge zeigen ließ. Unser Hausarzt, Dr. Roßmann, war zugleich Freund der Familie; sein Haus lag neben dem unsrigen, und unsere Gärten waren durch eine Pforte in der Hecke verbunden. Da es noch keinen Sport gab, sorgten für unsere körperliche Ausbildung die Turngeräte, die mein Vater im Garten hatte herrichten lassen: Reck, Barren und Rundlauf, außerdem ein Turnlehrer, der allerlei Übungen mit uns vornahm.

Mein Vergnügen war neben der Schaukel der Rundlauf, den man allerdings erst zu Vieren zu voller Auswirkung bringen konnte. Das ungestüme Laufen, das allmählich in Fliegen überging, war eine unbeschreibliche Wonne. Das Schlittschuhlaufen fand auf einer überschwemmten Wiese statt; die Jugend trieb es mit Leidenschaft und brachte es nicht selten zu großer Kunstfertigkeit.

Ich bin auf dem Wege über die Bücher weit vom

Handel und Wandel abgekommen und kehre noch einmal dahin zurück. Zweimal im Jahre fand die seit dem Mittelalter bestehende Messe statt, wo es für Kenner besondere Gelegenheit zu Einkäufen gab.

Die Buden füllten den Altstadtmarkt und erstreckten sich darüber hinaus. Das Übergewicht hatten die Honigkuchenbuden, wo es auch Reglise, Zuckerstangen, Lakritzen und sonst allerlei volkstümliche Leckereien gab. Jetzt würde man die kleinen buntbemalten Spanschachteln schätzen, die dazu da waren, den Kleinen, die aus irgendeinem Grunde zu Hause bleiben mussten, mitgebracht zu werden, und die man kaum beachtete. Sie enthielten winzige Plätzchen und bunte Zucker- und Schokoladenkugeln. Wie wenig verbreitet und ausgebildet die photographischen Betriebe waren, beweist das große Ansehen, das ein Stand hatte, wo man Photographien kaufen konnte. Er wurde mit Sehnsucht erwartet und mit Freuden begrüßt. Man konnte dort die Bilder von berühmten Persönlichkeiten kaufen, zuweilen auch Wiedergaben klassischer Bilder, wie etwa der Sixtinischen Madonna, die man nur als Stiche kannte. Antiquitäten an Möbeln, Schmuck und Büchern wie auf der Münchener Dult gab es auf der Braunschweiger Messe nicht. Karussels und derartige Vergnügungen gab es, ob gleichzeitig mit der Messe oder zu einem anderen Zeitpunkt erinnere ich mich nicht, auf dem Tummelplatz, der später Siegesplatz genannt wurde. Außerhalb der Stadt wurde ein Volksfest gefeiert, dessen Namen, die Masch, ich nicht deuten kann. Es hatte für uns Kinder insofern Interesse, als es zur Masch Eierkränze gab, ein sehr wohlschmeckendes, luftiges Gebäck. Reizvoll wie die Messe war, erreichte sie doch nicht den unvergleichlichen Zauber des Christmarktes. Die Zwetschenkerle, die Lämmchen mit den steifen Holzbeinen, die durch die Abenddämmerung und über den bleichen Schnee hin schimmernden kleinen Lichter, die alten, verhüllten Riesentürme an Sankt Martini, das vereinigte sich zu einem märchenhaften Bilde. Von den vielen Tannen, die an die Kirchenmauern angelehnt waren, ging ein würziger, ahnungsvoller Geruch aus. Christbaumschmuck, wie man ihn nun schon seit fünfzig Jahren hat, kannte man in meiner frühesten Kindheit noch nicht.

Wir Kinder bereiteten ihn selbst unter der Leitung unserer Erzieherin, und das hatte den Vorteil, dass durch die Vorbereitungsarbeit die Vorfreude erhöht wurde. Die Nachmittage und Abende, wo wir aus Gold- und Silberpapier Ketten und Netze herstellten, waren voll festlicher, friedlicher Stimmung. Die Netze bekamen durch hineingelegte Marzipankartoffeln Form. Nüsse wurden durch Schaumgold vergoldet; es lag in dünnen Blättern zwischen grauem Fließpapier und hatte für mich etwas Morgenländisches, eine Spur aus Tausendundeiner Nacht, Zuckerwerk, Blumen und Tiere darstellend, wurde mit Fäden umwunden, um angehängt werden zu können. Die Kerzenhalter waren plump, wie es auch die Papierketten waren; aber das beeinträchtigte nicht den Eindruck, den der Weihnachtsbaum machte, der Gast aus dem Walde, wie meine Großmutter ihn nannte.

Den das Hochgefühl der Festzeit noch einmal aufnehmenden Sylvesterabend liebten wir fast ebenso wie Weihnachten. Die Großen widmeten sich uns in allerlei gemeinsamen Spielen, es gab Karpfen, Punsch und Prilleken, es wurde Blei gegossen und eine erwartungsvolle, geheimnisvolle Stimmung herrschte, als ob die Mitternachtsglocken den Anbruch eines goldenen Zeitalters zu verkünden hätten. Kurz ehe es zwölf schlagen musste, stellten wir uns auf Stühle, um, wie es hieß, ins neue Jahr zu springen. Mit dem ersten, gespannt erwarteten Glockenschlag sprangen wir von den Stühlen und wünschten uns gegenseitig ein glückliches Jahr.

Nach langen Wintermonaten wie schön war Ostern! In meiner Erinnerung war es immer voll Veilchenduft und Frühlingswonne. Am Grünen Donnerstag gab es Spinat mit Spiegeleiern; es musste ein grünes Gemüse sein, eigentlich aus neun Kräutern bestehend und Neggenscheene genannt. Außerdem wurde eine bestimmte Art von Brezeln gegessen, die es nur an diesem Tage gab. Der Karfreitag war ein dunkler Tag zwischen Freudentagen, ein eigentlicher Trauertag, so wurde es wenigstens nach der Gewohnheit meiner Großeltern bei uns gehalten. Wir trugen an diesem Tage schwarze Kleider, es durfte nicht Klavier gespielt werden, man verhielt sich überhaupt still. Am Sonntag wurden im Garten Eier versteckt und gesucht. Es waren zum Teil natürliche, bunt gefärbte Eier, zum Teil Eier aus Zucker oder Schokolade, ungefähr in der Größe wirklicher Eier, nicht riesenmäßig und pomphaft aufgedonnert, wie das später Mode wurde.

Himmelfahrt, in die Höhe des Frühlings fallend, mit Blütenüberfluss geschmückt, war wie Pfingsten ein Fest der Natur und des Wanderns. Es war Sitte, dass in der Frühe des Himmelfahrtstages die Dienstmädchen auf den Nußberg gingen, so dass sie zum Frühstück wieder im Hause waren. Am Pfingstsonntag wurden die Pfingstochsen, ausgewählt schöne Tiere, die Hörner mit Kränzen umwunden, um die Stadt geführt; wenigstens kamen sie an unserem Hause vorüber.

Wollte man die Natur genießen, so waren diejenigen, die keinen Garten und nicht Wagen und Pferde hatten, auf Fußwanderungen angewiesen. Als ich klein war, gab es überhaupt keine öffentlichen Verkehrsmittel, und die Pferdewagen, die dann aufkamen, funktionierten durchaus nicht befriedigend. Ich erinnere mich eines viel gesungenen Spottliedes mit dem Kehrreim: hat ausgesetzt, hat ausgesetzt! Ich wundere mich, wenn ich mir jetzt den damaligen städtischen Verkehr ausmale, dass meine Großmutter, seit ich denken kann, nicht mehr ausging, weil es ihr in der Stadt zu lärmend war. Nur selten einmal besuchte sie das Möbellager des Herrn Löhr, das in unserer Nähe war, wo es zuweilen auch etwas Antikes gab. Meine Großmutter, die einen lebhaften Schönheitssinn hatte, entdeckte dort manches Stück von edlerer Form, als sie in den 70er und 80er Jahren gebräuchlich waren.

Da jeder Weg zu Fuß gemacht werden musste, beschränkten sich die Ausflüge im allgemeinen auf die nächste Umgebung. Man besuchte entweder das Pawelsche Holz oder den Grünen Jäger, wo man im Freien Kaffee trinken und Kuchen essen konnte. Die staubige Chaussee, die dahin führte, nahm man ohne Klage in Kauf. Ob das Dorf Ölper ein allgemeines Ausflugsziel war, weiß ich nicht, wir suchten es gern auf, weil meine Großeltern und Eltern mit dem dortigen Pastor Müller befreundet waren. Der große Pastorsgarten mit den Gemüsepflanzungen, Obstbäumen, Stauden und Blumen und die ganze ländliche Wirtschaft in breiter Behäbigkeit waren äußerst reizvoll für uns, abgesehen von dem würdigen, sympathischen Pastorenehepaar und ihren Kindern. Ein Sohn, Ernst, der im Alter meines Bruders war, wurde Bildhauer und hat gelegentlich versucht, aus dem Gedächtnis den Kopf meiner schönen Mutter zu formen; doch konnte die Arbeit ohne Modell wohl nicht gelingen und hat mich nicht befriedigt. Nach Ölper nahmen wir vermutlich einen Wagen.

Die Umständlichkeit des Verkehrs ist der Grund, weshalb ich die weitere Umgebung Braunschweigs, den Elm zum Beispiel, nicht kennen gelernt habe. Die Sommermonate brachten wir im Harz zu in Suderode, Harzburg, Thale und Elend. Der Brocken, noch nicht von Autos entstellt, erhob sich einsam und geheimnisvoll über den unendlichen Wäldern.

Die genannten Ausflüge waren ein Vergnügen, während der übliche Spaziergang um den Wall für mich der Inbegriff der Langeweile war. Die vornehm behäbigen Häuser und die schönen Gärten, die sich dort aneinander reihten, interessierten mich damals noch nicht. Eine willkommene Abwechslung bot der Windmühlenberg, wo es immerhin ein paar Schritte bergauf ging. Der Blick auf die phantastisch in und übereinander verschränkten bräunlichroten Dächer der alten Stadt war bezaubernd; wenn das Abendrot darauf schien, konnte man an ein Feld voll blühenden Mohns denken. Herrlich ragten die Kirchtürme aus dem Gewimmel; die spitzen Doppeltürme von St. Martini, der stolze Strahl von St. Andreas, die abgestumpften Türme des Doms, das gewaltige Dach von St. Aegidien. Die Schönheit dieses Stadtbildes beruhte auf einer Einheitlichkeit; Braunschweig ist nicht, wie so viele andere Städte im 17. Jahrhundert durch Brände heimgesucht, die anderswo ganze Quartiere in Asche legten. Noch in meiner Kindheit waren Feuersbrünste häufiger als jetzt und infolge der Schwerfälligkeit des Verkehrs gefährlicher. Wenn es brannte, schlug die Sturmglocke mit kurzen Pausen je dreimal an, je neunmal, wenn es sich um einen großen Brand handelte. Die unheilvollen, tiefen Schläge heulten schauerlich durch die Nacht. Bei uns ging in solchem Falle jemand auf den Speicher und erkundete, wo der Himmel rot war. Schien das Feuer entfernt zu sein, konnten wir liegenbleiben, sonst standen alle auf. Ich erinnere mich an den Brand der Wittekoppschen Schokoladenfabrik, die in unserer Nähe war. Solange mein Großvater lebte – er starb im Jahre 1876 – pflegten wir alle aufzustehen, wenn nachts ein Gewitter war. Dann saßen wir im Flur des Hauses bei offener Haustür und sahen in den durch die aufleuchtenden Blitze geisterhaft verwandelten sommerlichen Garten. Die nächtliche Versammlung beim Rollen des Donners hatte für mich etwas Abenteuerliches, überaus Anziehendes. Es war wohl die Verbundenheit des Menschen mit der gotthaften Natur, die darin zum Ausdruck kam, und die dem Gefühl des Kindes angemessen war.

Im Winter fand man Unterhaltung in Theater und Konzerten. Das Theater konnte sich immer guter Kräfte rühmen, wenn auch dem Herzog nachgesagt wurde, er interessiere sich nur für das Ballett. Die große herzogliche Loge war immer leer; wenn er einer Vorstellung beiwohnte, saß er in der kleinen hinter einem Vorhang; das Publikum konnte seine Anwesenheit zwar dort bemerken, durfte aber nicht durch Kundgebungen von ihm Notiz nehmen. Ich habe den Herzog niemals gesehen, mich allerdings auch nicht darum bemüht, da ich, von Natur republikanisch, kein Interesse für ihn hatte. Er pflegte, wenn er in Braunschweig war, pünktlich um die Mittagsstunde eine Spazierfahrt um den Wall zu machen und kam dabei an unserem Hause vorüber. Er fuhr sehr schnell, um, wie man sagte, das Gegrüßtwerden zu vermeiden; trotzdem gab es Getreue, die sich am Wege aufstellten, den Hut zogen und sich tief verneigten. Er liebte Braunschweig und die Braunschweiger nicht, hielt sich meist in Oels auf, wo er auch starb. Seine Leiche wurde zur Bestattung nach Braunschweig übergeführt und die eintönigen Trommelwirbel, die den Trauerzug vom Bahnhof zum Schloss begleiteten, hatten in der Nacht etwas überaus Unheimliches.

Ich kehre zum Theater zurück. Das damals reichlich verwendete Ballett hatte für die Offiziere, überhaupt für die Herrenwelt, eine Anziehungskraft, von deren Charakter ich als Kind keine Ahnung hatte. Mit der katonischen Strenge, die Kindern eigen ist, lehnte ich die mangelhaft bekleideten, Beine schleudernden Damen entrüstet ab. Das erste Stück, das ich mit neun Jahren sehen durfte hieß Der verkaufte Schlaf, das zweite Flick und Flock; es waren beides märchenartige Ausstattungsstücke, auf deren Inhalt ich mich nicht besinnen kann. Obwohl ich nicht zu den jungen Mädchen gehörte, die für Schauspieler oder Schauspielerinnen schwärmen, erinnere ich mich doch noch der beiden Herren, die Jahre hindurch als Liebhaber glänzten, Herr Bethge und Herr Preuß, der eine dunkel, der andere blond. Ich bevorzugte den dunklen Herrn Bethge; vielleicht weil mein Vater schwarze Haare und braune Augen hatte, galt mir nur ein dunkler als ein richtiger Mann. Der Komiker, Herr Fischer, war einer der für dieses Fach Geborenen, sowie er auftrat, noch ehe er ein Wort gesprochen hatte, brach das Publikum in Lachen aus. Er war in jeder Bewegung, in jedem Augenzwinkern unerklärlich und hinreißend komisch. Der Intrigant, Herr Mewes, war durchdringend diabolisch. Da mich die Oper weitaus am meisten anzog, habe ich wenig klassische Stücke gesehen und wenig starke Eindrücke vom Schauspiel gehabt, während mir viele Opernaufführungen unvergesslich geblieben sind. Herr Schrötter, ein vorzüglicher Heldentenor, Fräulein Andre, eine vorzügliche Primadonna, Herr Noeldechen, ein Bass von unergründlicher Tiefe, Herr Hieb, ein gutgelaunter Buffo, sind die Darsteller, die ich noch anschaulich im Gedächtnis habe. In meiner Kindheit und frühen Jugend, als Wagner noch nicht die Bühne beherrschte, wurden häufig die anmutigen kleinen Opern gegeben, die man heute leider selten spielt. Die weiße Dame, Zar und Zimmermann, Fra Diavolo, Barbier von Sevilla, Das Nachtlager von Granada, Jessonda, ein liebenswürdiges Werk von Spohr, wurde zuweilen gegeben, weil der Verfasser Braunschweiger war. Auch die großen, heute unmodernen Opern von Meyerbeer habe ich gesehen: Die Afrikanerin, Der Prophet, Robert der Teufel und natürlich Die Hugenotten. Diese Oper pflegten wir vor dem letzten Akt zu verlassen, weil meine Schwester das Schießen nicht ertragen konnte. Ganz besonders ergriffen mich Die Jüdin von Halevy und Die Stumme von Portici. Beide Opern haben, als ich sie später in Berlin sah, nicht mehr so stark auf mich gewirkt, sei es, dass die Aufführungen damals in Braunschweig besser waren, oder dass mein Geschmack sich im Laufe der Jahrzehnte geändert hatte.

Außer Spohr gab es einen weniger bekannten, aber

höchst talentvollen Braunschweiger Komponisten, nämlich Alexander Fesca. Meine Großmutter hatte ihn persönlich gekannt und erzählte zuweilen von ihm, wie er zu später Stunde beim Trinken im Gasthaus plötzlich einen Einfall hatte, die Gläser beiseite schob und mit Kreide Noten auf den Tisch schrieb. Ich besitze die zwei Bände seiner Lieder, die ich in meiner Jugend mit Vorliebe gesungen habe. Sie sind sehr melodiös, einfallsreich, oft mitreißend schwungvoll.

Die Braunschweiger Theaterverwaltung stand in dem Rufe, dass sie es liebte, die Künstler kurz vor dem Jahr, wo sie pensionsberechtigt wurden, zu entlassen. Dies Schicksal traf einen feinen Menschen, den Tenor Otto Wolters, der dadurch gezwungen wurde, sich sein Leben durch Unterricht zu verdienen und bei dem ich, als ich etwa 17 Jahre alt war, Gesangsstunden nahm. Herr Wolters hatte eine angenehme Stimme und war ein sehr gebildeter Sänger. Was ihm fehlte war das Spiel, die schauspielerische Verkörperung der Rolle, worauf der Musikliebhaber gern verzichtet, wenn der Gesang rein und schön gegeben wird. Das Gebärdenspiel von Herrn Wolters ging allerdings über ein eintöniges Heben und Senken der Arme nicht hinaus; aber die Zuhörer begnügten sich bereitwillig damit. Als ich zu ihm kam, fragte er mich, ob ich für die Bühne ausgebildet werden oder nur zum Vergnügen singen wolle, danach würde er den Unterricht einrichten. Obwohl ich mich zu letzterem bekannte, bildete er meine Stimme sorgfältig aus, wenn auch nicht mit der Gründlichkeit, die ein berufliches Ziel erfordert hätte. Die Art, wie er jedes Gesangsstück besprach und die Auffassung erwog, war außerordentlich anregend. Wie er allmählich bemerkte, dass seine Erörterungen Widerhall bei mir fanden, dass mein Geschmack dem seinigen entsprach, wie er meine leidenschaftliche Liebe zur Musik erkannte, gewann er selbst Freude an diesen Stunden. Manches was für meine Stimme nicht passte oder wofür meine Stimme nicht genügte, ließ er mich singen, damit ich es kennen lernte und weil ich es ausdrucksmäßig doch gut bringen konnte. Ich habe immer dankbar an ihn zurückgedacht.

Von den Schauspielern ist es wohl erlaubt auf die Prediger überzugehen. Getauft bin ich in der Andreaskirche, zu deren Gemeinde meine Eltern damals gehörten, von Pastor Damköhler, von dem ich noch eine Photographie besitze. Konfirmiert hat mich Pastor Steinmeyer in der Martinikirche, dessen rollende Stimme ich noch zu hören glaube, wenn er am Eingang der Stunde etwa den Vers sprach: Jahre kommen, Jahre schwinden – Unaufhaltsam wechselvoll – Ich, im Strom der Zeiten finde – Nirgend ich was bleiben soll. Von Pastor Steinmeyer, der oft und gern an Tauf- und Hochzeitsgesellschaften teilnahm, gab es viele Anekdoten. Einmal begann er eine Tischrede auf die sehr hässliche Mutter der Braut mit den Worten: „Die Grazien haben zwar nicht an ihrer Wiege gestanden", worauf dann die Betonung ihrer Tugenden folgte. Viele seiner humorvollen Aussprüche wurden oft mit Vergnügen angeführt, an die ich mich leider nicht mehr erinnere. Eine sehr auffallende Erscheinung war der Pastor Beste, flankiert von seinen beiden Söhnen, die gleichfalls Pastoren waren und sich zum Verwechseln ähnlich sahen. Irgend jemand hatte die Reihe der Braunschweiger Pastoren in lustige Verse gebracht, von denen mir der eine geblieben ist: Nun aber kommt der Pastor Clemen, zu dem die jungen Damen strömen. Die Neigung der jungen Mädchen für Pastor Clemen beruhte, wenn ich nicht irre, auf der Gefühlsbetontheit seiner Predigten, die bis zur Tränenseligkeit gehen konnte. Pastor Steinmeyer war mehr für Donnern und Drohen. Der bedeutendste der damaligen Geistlichen war unstreitig Pastor Eggeling von der Brüdernkirche. Er war ein großer, stattlicher Mann mit schön geschnittenem Gesicht, eine würdevolle und zugleich weltmännisch liebenswürdige Erscheinung, so wie man sich vornehme katholische Geistliche vorstellt. An unserer Schule gab er in der höchsten Klasse Unterricht in Religion und deutscher Literatur, es wurde viel für ihn geschwärmt.

In der Literaturstunde sagte er einmal, dass es in der Dichtung und Kunst keinen Fortschritt gebe, wovon überhaupt nur in Bezug auf Technik die Rede sein könne. Mir kam das damals einleuchtend und eigentlich selbstverständlich vor; erst später erfuhr ich, dass es im Widerspruch zu anderen Meinungen gesagt war. Pastor Eggelings Frau war melancholisch und eine seiner drei Töchter geistig beschränkt; sein Privatleben war dadurch beschattet, und er lebte sehr zurückgezogen.

Unsere ehrwürdigen alten Kirchen, deren Gestein im Abendlicht violett schimmert, liebte ich, ohne von ihrer Besonderheit, ihrem Stil etwas zu wissen oder danach zu fragen. Ebenso wenig wusste ich, wie schön unsere alten Fachwerkhäuser waren mit ihren Erkern, Giebeln, Vorkragungen, ihrem phantastischen Zierat, sie waren wie Häuser sein mussten. Ich glaube auch nicht, dass wir darauf aufmerksam gemacht wurden. Musik und Dichtung wurden in unserem Hause sehr gepflegt, die bildenden Künste, namentlich die Architektur spielten eine geringere Rolle. Allerdings führte meine Großmutter uns Kinder zuweilen in die berühmte Gemäldegalerie, die in einem Seitenflügel des alten, verfallenen Schlosses neben dem Dom untergebracht war. Vor Guido Renis schönem Bilde Kephalus und Prokris erzählte sie uns die traurige Geschichte vom Lüftchen, wie es in Ovids Metamorphosen überliefert ist. Mich bezauberten die wundervollen Gestalten von Eva und Adam auf Palma Vecchios Bilde. Am meisten zog uns, als wir klein waren, die künstliche Uhr an, die eine Art Perpetuum mobile sein sollte. In einem zierlich gearbeiteten metallenen Gerüst lief eine Kugel abwärts, um, wenn sie unten angelangt war, wieder in die Höhe geschnellt zu werden und dann den Lauf von neuem zu beginnen. Wir wurden nicht müde, diesem perlenden Spiel zuzusehen.

Von dem Löwen, der der Schlossruine gegenüberstand, wurde erzählt, er habe einst auf einem niedrigeren Postament gestanden und die Hofgesellschaft habe sich damit belustigt, Taler in seinen offenen Rachen zu werfen. Wir besaßen ein ähnliches Spiel: auf einem kommodenartigen Kasten war ein Löwenkopf angebracht, in dessen Maul wir Bleitaler hineinzuwerfen hatten; wir konnten es uns also gut vorstellen, wie die Herrschaften in Allongeperücken es gemacht hatten. Neben dem Dom stand von einem eisernen Ring gehalten, die tausendjährige Linde. Von der erneuerten Burg Dankwarderode wusste man noch nichts, und sie ist mir immer ein Dorn im Auge geblieben, so dass ich ungern an ihr vorüberging. An die Friedrich-Wilhelm-Straße und die Münzstraße, die es in meiner Kindheit noch nicht gab, habe ich mich zwar gewöhnt, aber es blieben für mich Straßen zweiten Ranges.

Den Eulenspiegelbrunnen, den der Bankier Meyersfeld stiftete, habe ich nie recht leiden mögen, vollends nicht die Germania auf dem einstigen Tummelplatz. Wie viel kostbare alte Häuser und malerische Winkel sind ausgemerzt worden, noch ehe die Bomben alles vernichteten. Das vornehme Herrenhaus Hagenmarkt 13, das meinem Onkel William Huch gehörte, und das in den Büchern meines Vetters Friedrich, der dort seine Kindheit zubrachte, geisterhaft erscheint, wurde in eine Markthalle verwandelt; ich weiß nicht, ob der Krieg es übrig gelassen hat. Nicht mehr steht das schlichte Haus Hohetorpromenade 11, das bis zu meinem 20. Jahr meine Heimat war. Es wurde nach dem Tode meines Vaters verkauft und abgerissen, ein anderes, stilloses trat an seine Stelle. Nur der schöne Garten ist wohl derselbe geblieben.

Besuch bei einem Dichter

von Hermann Hesse

Ich habe nicht sehr viele berühmte Männer gekannt, oder die Mehrzahl dieser Bekanntschaften blieb oberflächlich, wurde von mir nicht gesucht und bedeutete mir nicht viel. In meinen Jugendjahren, als ich noch jene enthusiastische Sehnsucht nach dem Anblick und der Nähe verehrter Menschen empfand, bot sich mir keine Gelegenheit, sie jemals zu erfüllen, und ich war schon beglückt und fühlte mich gehoben und ein wenig geweiht, wenn ich etwa einen verehrten Musiker vom Saale aus auf dem Podium gesehen und gehört hatte, die Geiger Sarasate und Joachim etwa. Und als sich mir mit den Jahren solche Gelegenheiten geboten hätten, war ich noch manche Jahre lang schüchtern und brachte es nicht leicht über mich, etwa einen berühmten Schriftsteller aufzusuchen, mich als Kollegen vorzustellen und ihm ein kollegiales Gespräch abzunötigen. Und später, als auch diese Scheu sich verloren hatte oder doch kleiner geworden war, da war mir mit andern Jugendlichkeiten auch der Enthusiasmus für solche Begegnungen verloren gegangen. Es gab nicht sehr viele Männer oder Frauen, deren Namen ich aus der Ferne kannte und auf deren persönliches Kennenlernen ich sehr erpicht gewesen wäre. Einige gab es zwar immerhin: zum Beispiel hatte ich in den Jahren, in denen ich in München auf der Redaktion des ‚Simplizissimus' und im Verlag

Albert Langen als Freund und Mitarbeiter verkehrte, viele Male den heimlichen Wunsch, es möchte einmal Knut Hamsun dort auftauchen und ich könnte ihn sehen. Aber es gab solcher Wünsche nicht viele, und die wenigen haben sich nicht erfüllt. Ich habe die Öffentlichkeit nie geliebt, und es war mir niemals angenehm, in einer Umgebung zu leben, wo man mich als Namen und als Marke kannte: mein Leben konnte mir gar nicht privat genug sein, und so habe ich niemals irgendeiner Ansammlung von Prominenten beigewohnt, sei es Salon, Klub, Ball oder Bankett; ich hatte es leicht, mich darum zu drücken, ich wohnte ja immer weitab auf dem Lande.

Es stand im Widerspruch mit diesen Neigungen, wenn ich in früheren Jahren, namentlich in der Zeit vor dem Kriege, beinahe jedes Jahr ein- oder zwei- oder gar dreimal mich bereden ließ, die Einladung zu einer Vorlesung anzunehmen. Ich tat es zum Teil aus Reiselust und Bedürfnis nach Wechsel: es schien so angenehm, je und je irgendeine schöne Stadt aufzusuchen, Köln oder Wien, Straßburg oder Prag, die Reisekosten durch die kleine Mühe einer Vorlesung zu verdienen, und so nebenher doch ein klein wenig am Becher der Berühmtheit zu nippen, einen Abend lang gefeierter Gast zu sein. Es war oft sehr hübsch, und ich sah manche schöne Stadt dabei, aber im ganzen bekam es mir doch niemals gut: etwas von Katzenjammer und schlechtem Gewissen kam meistens nach: ich hatte zwar nichts an sich Verbotenes getan, aber doch etwas gegen meine Natur, hatte eine Anpassung versucht, die doch niemals glücken konnte. Aber dies und jenes Gute bekam ich dabei doch zu schmecken, was mir geblieben ist.

Auf einer solchen Reise war es, im Jahre 1909, dass ich also doch einmal meinen Besuch bei einem Manne machte, den ich seit manchen Jahren aufrichtig verehrte und liebte. Ich war zu einer Vorlesung nach Braunschweig gefahren und hatte schon in der Stunde, in der ich die Einladung annahm, gewusst, dass in Braunschweig der alte Wilhelm Raabe lebe, und hatte die leise Hoffnung gehegt, ich würde ihn vielleicht zu sehen bekommen. Und nun war ich in Braunschweig, war von freundlichen Menschen empfangen worden, und noch ehe ich etwa mich zu fragen getraute, ob vielleicht die Möglichkeit bestehe, Raabe zu sehen, hatte man es dort für selbstverständlich gehalten, dass ich ihn aufsuche. Nur bestand eine Schwierigkeit: man pflegte sich mit Raabe in seiner Weinstube zu treffen, und jetzt war er erkältet und ging nicht aus. Aber mein Wunsch, ihn zu begrüßen, wurde ihm zugetragen, und so lud er mich ein, ihn am Spätnachmittag des folgenden Tages in seiner Wohnung zu besuchen.

Inzwischen lief ich durch die herrliche alte Stadt, ruhte zwischen hinein in meinem Gastzimmer und dachte die ganze Zeit mit einer Mischung von Freude und Beklommenheit an den mehr als siebzigjährigen Dichter, den ich bald sehen würde. Ich dachte darüber nach, was er mir eigentlich bedeute und wie ich eigentlich zu ihm stehe. Ich hatte als Jüngling ein Buch von ihm gelesen, das mir halb gefallen hatte, halb nicht, es war etwas Krauses, beinah Kauziges darin, was mich bald entzückt, bald befremdet hatte, und etwas Norddeutsches, das mir fremd war, und etwas Bürgerlich-Patriotisches, das ich zwar damals keineswegs ablehnte, das mich aber doch ein wenig an die Auffassungen unsrer Lehrer erinnerte. Dann hatte ich ihn vergessen, ich hatte Gottfried Keller entdeckt und gleich darauf Storm und dann Conrad Ferdinand Meyer, die alle schon tot waren, die mir aber viel zeitgemäßer und wichtiger schienen als Raabe. Dann aber hatte mich der Hinweis eines Freundes wieder zur Lektüre Raabes geführt; inzwischen hatte ich auch viel Jean Paul gelesen, und nun hatte ich im Laufe einiger Jahre mehr als ein Dutzend Bücher von Raabe gelesen und hatte einen tiefen Respekt vor diesem Mann bekommen, dem einzigen wirklich dichterischen Darsteller des Deutschland zwischen 1850 und 1880, dem träumerischen Fabulisten und zähen Kritiker, dem strengen und so warmherzigen Liebhaber seines Volkes. Und tieferen Eindruck noch als diese würdigen Eigenschaften hatten mir seine hintergründigen Humore gemacht, seine zähen Liebhabereien und Spiele, seine Vorliebe für Umwege und lange Gänge, seine Lust an wunderlichen und schwierigen Charakteren, seine Menschenkenntnis, hinter deren Schärfe und gelegentlichen Spottlust ein großer Glaube, eine große Menschenliebe zu stehen schien. Diesen alten Dichter sollte ich jetzt sehen, der beinahe so alt war wie meine Großväter, der den ‚Abu Telfan‘, den ‚Dräumling‘, ‚Die Akten des Vogelsangs‘ geschrieben hatte, dessen ‚Sperlingsgasse‘ schon bei den Büchern meiner Mutter stand, als ich lesen lernte und zum ersten mal Büchertitel entzifferte. An Ehrfurcht vor dem Alter war ich ohnehin gewöhnt, sie war mir anerzogen oder lag mir im Blut; aber es kam noch etwas Besonderes zu dieser Ehrfurcht hinzu, was etwa so auszudrücken wäre: ich hatte schon seit dem Ende meiner Jünglingszeit ein unausgesprochenes und auch etwas unklares Gefühl, als sei ich an einer Grenzscheide von Zeitaltern geboren, als habe ich in der Kindheit noch ein Abendrot miterlebt, den Rest einer Epoche, die von Tag zu Tag ferner rückte und im Entschwinden begriffen war. Zum Teil mag dies Gefühl von manchen Reden der Eltern und Großeltern genährt worden sein (obwohl ich mir an diesen Reden ziemlich viel Kritik erlaubte), zum Teil entsprang es wohl daraus, dass ich als Kind die rasch wachsende Industrie unsre Gegend erobern sah, jedenfalls war von allen den Empfindungen, mit denen ich an Raabe dachte, keine andre so stark wie diese, dass er zur Generation meiner Großväter gehöre und gleich ihnen etwas besitze und verkörpere, was uns Jüngern fehlte oder doch in uns nur noch verdünnt und halbverloren vorhanden wäre, eine etwas andere Art von Menschentum, von Glauben, von Ritterlichkeit. Und Raabe war ja nicht nur zufällig ein alter Mann und ein Angehöriger jener aussterbenden Art, er war einer ihrer echtesten Vertreter, einer ihrer Darsteller und Mitgestalter.

Die Stunde kam, ich fand mich in Raabes Haus ein; es war schon sehr abendlich und dämmerte stark. Ich habe keine Erinnerung mehr an das Haus, nur an das Zimmer, in das ich über eine Treppe geführt wurde. Da stand in der Dämmerung eine sehr große hagere Gestalt, mit dem Anzünden einer kleinen Erdöllampe beschäftigt; sie wandte sich mir zu, nach Bildern erkannte ich Raabes Gesicht, und doch war es anders als auf den Bildern. Schmal und sehr hoch, in einem langen Schlafrock, stand die friedliche und auch feierliche Gestalt, und von ihrer Höhe blickte ein altes, faltiges, spöttischkluges Gesicht zu mir herab, sehr lieb und freundlich und doch ein Fuchsgesicht, schlau, verschlagen, hintergründig, das greise Gesicht eines Weisen, spöttisch ohne Bosheit, wissend, aber gütig, altersklug, aber eigentlich ohne Alter, woran auch die aufrechte Haltung der Gestalt teilhatte, ein Gesicht, ganz anders und doch dem meines Großvaters verwandt, aus der selben Zeit, von der selben herben Reife, von beinahe der selben Würde und Ritterlichkeit, die ein vielfältiges Spiel alter, erprobter Humore überflog und milderte.

Er sprach leise, hieß mich willkommen, deutete an, dass er ungefähr wisse, wer ich sei, und lud mich zum Sitzen ein. Auch er setzte sich, stand aber bald wieder auf, ging hin und her, rückte an der Lampe, und so sieht ihn meine Erinnerung heute noch: in einer kleinen dämmerigen Stube, Bücher auf dem Tisch, Bücher an den Wänden, stehend, sehr groß und aufrecht, aus milden und sehr klugen Augen auf mich niederblickend. Er zeigte mir ein Buch, das auf dem Tische lag und das er zur Zeit las; es war ein Band der Erinnerungen von Moritz Busch, er fragte, ob ich es kenne, fing an von Bismarck zu sprechen, merkte aber schnell, dass ich da sehr wenig beschlagen war und nicht einmal die Gedanken und Erinnerungen ganz gelesen hatte, lächelnd gab er es auf. Lächelnd stand er, der Lampenschein floss an ihm hinauf und ließ sein sanft leuchtendes Gesicht einsam vor den halbdunklen Bücherreihen schweben.

Ich hatte diesen alten Mann schon oft lieb gehabt und hätte ihm jetzt gerne sagen mögen, wie gut ich viele seiner Bücher kenne und wie sehr ich ihn verehre, aber man sagt das einem solch schlauen, alles schon wissenden, alten, ehrwürdigen Zauberer nicht so leicht, es kommt sich da jedes Wort der Verehrung, noch eh es gesprochen ist, schon erraten und belächelt vor und will nicht mehr aus dem Munde. Aber von Abu Telfan sprach ich dennoch, und ich glaube auch von ‚Dräumling'. Dazwischen fragte er nach dem und jenem, nach meiner Reise und ziemlich eingehend nach meiner Familie. Ich hatte eine Frage, eine Bitte an ihn mitgebracht, aber erst gegen Ende meines Besuches überwand ich meine Scheu und rückte damit heraus. Ich sagte, es sei mir bekannt, dass er vor bald vierzig Jahren längere Zeit in Stuttgart gelebt habe, und gewiss habe er doch den Eduard Mörike dort gekannt, und ob er mir nicht etwas von ihm erzählen könne.

„O ja, Mörike!" lächelt er. „Sehr gemocht habe ich ihn nicht, offen gesagt."

Ich sagte, das tue mir leid, ich hielte von Mörike außerordentlich viel und gäbe wohl etwas darum, ihn noch gekannt zu haben. Jawohl, sagte Raabe, das glaube er mir gerne, und Mörike sei ganz ohne Zweifel ein echter und richtiger Dichter gewesen, gewiss; indessen, was so den persönlichen Umgang unter Kollegen betreffe, da habe er in Stuttgart und auch anderwärts Leute gekannt, die ihm doch lieber gewesen seien. Er sei ein sehr zarter und etwas wunderlicher Mensch gewesen, dieser Mörike, und leicht verletzt; manchmal sei er, wenn irgend etwas oder irgend jemand ihm auf die Nerven gegangen sei, einfach ins Bett gelegen und sei ein paar Tage nicht zu sehen gewesen. Ein zarter Mensch und ein bisschen weich gegen sich selber, das sei er wohl gewesen. Er lächelte vor sich hin, und voll Spannung starrte ich ihn an, denn ich spürte deutlich, dass er sich eben jetzt sehr genau an Mörike erinnerte, ihn vor sich sehe, und ich hätte viel darum gegeben, das Bild sehen zu können, das ihm jetzt vor Augen stand. Ich sah aber nur sein Lächeln, ein nachsichtiges Lächeln für Mörike, für den feinen Dichter, für den wunderlichen Kollegen, den etwas weichlichen Schwaben. Ich sah, zwischen diesen beiden Dichtern war kaum mehr Freundschaft, Austausch und Spiel gewesen als zwischen Keller und Meyer in Zürich. Ich sah auch oder glaubte doch zu sehen, wie er den Mörike noch weniger liebte als er aussprach, wie er ihn eigentlich ganz und gar nicht leiden mochte, das er aber aus Schonung für mich, den jungen Mörikeschwärmer, nicht schroff aussprechen mochte.

Als ich wieder fort ging und er oben an der Treppe stand, der ohnehin hochgewachsene und durch meine Verehrung noch vergrößerte Mann, sah ich im Niedersteigen noch mehrmals zu ihm empor, mit der innigsten Liebe und Bewunderung, zu ihm, dessen schöne, langgestreckte Hand ‚Die Akten des Vogelsangs' geschrieben hatte und ‚Pfisters Mühle'; der Abschied war mir schwer gefallen. Draußen war es schon Nacht, am Abend war ich in Raabes Weinstube von seiner Stammtischrunde erwartet. Bis dahin lief ich herum, saß in meinem Zimmerchen, dachte an die Stunde bei Raabe, versuchte mich an alles zu erinnern, was er gesagt hatte, verwunderte und entsetzte mich darüber, dass ich schon jetzt, da die Worte unsres Gesprächs kaum verklungen waren, so vieles davon vergessen hatte. Über eine Stelle in Bismarcks Erinnerungen hatte er lebhaft gesprochen; aber die Materie war mir fremd, ich hätte seine Worte, oder auch nur den Sinn, schon jetzt nicht mehr reproduzieren können.

Raabe hatte mich eingeladen, ihn wieder einmal zu besuchen. Noch oft hätte ich dazu Lust gehabt, aber ich bin nie wieder nach Braunschweig gekommen. Ich musste damals noch in eine andre Stadt reisen, hielt dort eine Vorlesung, wurde vielen Menschen vorgestellt, wurde von Vertretern der Presse herumgeführt und ausgefragt, wurde von verschiedenen Familien eingeladen, bekam Blumen ins Hotel geschickt, lauter Ehrungen, die mich mehr in Verlegenheit brachten als erfreuten. Und immer wieder musste ich an den alten Wilhelm Raabe denken, mit Verehrung und auch mit Scham. Denn so wie dieser alte Mann in seinem Wesen, in seinen Büchern, in seinem Blick und Wort das Beste einer dahingehenden, ja einer schon dahingegangenen Welt darstellte und noch für eine kurze Weile aufbewahrte, ein gewesenes Deutschland, eine vergangene Art von Geist, Bildung, Charakter, etwas halb Heiliges und auch halb Rückständiges, so war auch sein Ruhm, seine Art von Namen und Berühmtheit von einer ganz andern, edlern, harmlosern, unschuldigern und zugleich ehrwürdigern Art als unsere modische Berühmtheit. Unsereiner wurde jede Woche von irgendeiner Gesellschaft in irgendeiner Stadt zu Vorlesungen eingeladen; er bekam immerzu Zeitungsausschnitte zugesandt, alle Zeitungen und Zeitschriften wollten Beiträge von ihm haben, alle Verleger ihn drucken, alle illustrierten Blätter sein Bild bringen. Man konnte sich dagegen wehren, man konnte sich zum Teil darum drücken, aber überall, wo man dieser Welt, in der die Berühmtheiten gemacht wurden, auch nur den kleinen Finger gegeben hatte, da kam man sich nachher irgendwie missbraucht und entgleist vor. Nein, Raabes Ruhm war etwas ganz anderes. Langsam, ohne plötzliche heftige Erfolge, war er in Jahrzehnten durch eine lange Reihe von Büchern, durch eine wundervoll ehrliche, einheitliche und eigensinnige Lebensart berühmt geworden – und auch das ‚berühmt' klang in Verbindung mit seinem Namen ganz anders. In Wirklichkeit, das wusste ich wohl, war nämlich in der Literatur und Kritik unsrer Zeit für Raabe und seinen Ruhm sehr wenig Raum vorhanden; man wusste nicht viel von ihm, und von den Feuilletonredakteuren, die mir damals Werbebriefe schrieben, hatte nicht der zehnte ihn gelesen. Man überließ die Pflege seines Ruhmes seiner Braunschweiger Tafelrunde und einigen eher altmodischen und provinziellen Zeitschriften, auch die Verleger rissen sich nicht um ihn, viele seiner schönsten Bücher hatten in zehn, in zwanzig Jahren nur eben eine zweite oder dritte oder höchstens vierte Auflage erlebt, nur zwei von ihnen waren in größerer Masse verbreitet. Ferner wurde sein Ruhm gepflegt von seinen Lesern, einer Gemeinde von meist schon älteren Leuten, die keine modernen Zeitschriften lasen, und deren Gedankenwelt und Anschauungen ich damals gewiss als rückständig empfunden hätte. – Und ist es denn heute anders? Nein, es hat sich nichts geändert – das heißt für mich wohl, da hat vieles sich geändert, und heute weiß auch ich recht wohl, was Ruhm und Erfolg bedeuten, und dass unsre heutige Art von Ruhm nicht Menschen und ihrem Lebenswerke gilt, sondern Rekorden der Auflagen, Modeerfolgen, und dass der sehr berühmte und umworbene Autor von gestern schon übermorgen wieder seine Gedichte als leider nicht verwendbar von den selben Redaktionen zurückbekommt, die ihn gestern um Mitarbeit bestürmten. Das alles weiß ich jetzt, und allmählich nähere ich mich schon dem Punkte, wo diese Dinge der Vergangenheit angehören und ohne Leidenschaft betrachtet werden. Aber ich wollte nicht davon sprechen, sondern von Raabe und der besonderen Art seines Ruhmes, und dass dieser sich seit damals eigentlich gar nicht verändert hat. Die Zeitungen von heute und die Literaturbörse von heute wissen von Raabe ebenso wenig als sie damals, vor etwa fünfundzwanzig Jahren, von ihm wussten. Er wird, hie und da, und mit einem gewissen kleinen Abstand, in Verbindung mit Gottfried Keller genannt. Er hat einen Verehrerkreis, mehrmals ist ein Raabe-Kalender herausgegeben worden; aber alle diese Ehrungen des lang Verstorbenen hatten einen mehr lokalen, provinziellen Anstrich. Raabe gehört für heutige Literaturmenschen etwa in die Abteilung ‚ältere Heimatkunst‘. Und doch sind schon in den Jahren seit meinem Braunschweiger Besuch bis heute eine ganze Menge von Erzählern und Dramatikern, deren jeder zur Zeit seiner Höhe hundertmal berühmter und erfolgreicher war als Raabe, wieder untergesunken und vollständig vergessen worden, während Raabe, ohne je die Menge zu interessieren, seinen festen Platz behauptet und jenen stillen Ruhm genießt, der erst um vieles später kommt als die Erfolge. Sein Kollege Mörike, den er so wenig leiden mochte, hat das in noch höherem Grade erlebt: bei ihm kam der ‚Erfolg‘ überhaupt nie, er starb geachtet, aber keineswegs berühmt oder gefeiert, und auch sein Tod wurde nicht eben beachtet, und die Jahre und Jahrzehnte gingen weiter, und als es sich dann doch herumgesprochen hatte, dass da in Schwaben ein kleiner Pfarrer und Töchterschulprofessor gelebt habe, der unsterbliche Verse geschrieben, und als Mörike in die Reihe der ernst genommenen großen Dichter einzog, da wäre er, wenn er noch gelebt hätte, schon nahezu hundert Jahre alt gewesen.

Raabe hat diesen Grad des Ruhmes noch nicht erreicht. Die Literaturgeschichte spricht von ihm mit Achtung, sie kennt ihn, sie hat von ihm Notiz genommen; aber das Einmalige und Innigste seiner Dichtung, das eigentliche Wunder seiner Person und seines Wortes ist noch immer nicht eigentlich erkannt und als ewiger Wert erkannt, von seinen Zeitgenossen sind zum Beispiel Storm und auch Fontane in den Literaturgeschichten, in den Lesebüchern und so weiter sicherer und besser eingeordnet als er. Es wird ihm vielleicht einmal wie dem Mörike gehen; den er als einen empfindlichen und zarten Herrn gekannt und nicht eben gern gehabt hat und der nachher von der Welt für einen der großen Dichter erklärt wurde. Man wird vielleicht ihn doch noch erkennen; er hat die Anwartschaft darauf, denn er hat jenes die Kritik verwirrende Plus, jene Dimension zuviel, die so schwer einzureihen ist und die sich mit der Zeit doch meistens durchsetzt. Gewiss, er kann nicht in die Anthologien eingehen wie Mörike; sein Ruhm wird nicht mit dem Zitieren von drei Gedichten belegt werden können, es wird stets etwas mühsamer bleiben, ihn zu kennen, er hat viel geschrieben und sehr Verschiedenes, sein Leser braucht Zeit, braucht Geduld, braucht langsames Eindringen, sonst kommt er nie ins Innere dieses Werkes. Aber man hat es bei seinem Vorfahren Jean Paul erlebt, dass auch ein solches Werk sehr zählebig sein kann, und dass ein Dichter, über den dreißig Jahre lang jeder Hochschulprofessor der Literatur die inzwischen vermoderte Nase rümpfte, wieder mit allen Kränzen des Ruhms behangen werden kann.

Es ist gut, dass er diese Zeilen über ihn nicht lesen

kann. Ich hätte sie auch nicht geschrieben, wenn er noch lebte. Wie spöttisch-klug, wie unsäglich listig würde er blinzeln und mich von oben her aus seinen halbgeschlossenen Augen betrachten!

Nachbemerkung
In meiner Erzählung ist eine Stelle als zweifelhaft zu bezeichnen, da sie nur auf einem Gedächtnisfehler, sei es bei mir oder bei Raabe, beruhen kann. Raabe hat nämlich, wie ich später entdeckte, mehrmals deutlich bekannt, dass er Mörike nicht persönlich gekannt habe:
Bei meinem Besuch war Raabe etwa achtundsiebzig Jahre alt, und zwischen meinem Besuch bei ihm und der Aufzeichnung des Gedenkblattes für ihn liegen wieder etwa vierundzwanzig Jahre. Wie immer der Irrtum mag entstanden sein, der Leser möge ihn korrigieren. Was die übrigen Äußerungen Raabes über Mörike betrifft, so kann ich für die Zuverlässigkeit meines Gedächtnisses einstehen. Sein Urteil über die Person Mörikes beruhte also nicht auf persönlicher Bekanntschaft, sondern auf Hörensagen.

Das Geheimnis der
Roten Schanze

VON GERHARD KÖPF

Stopf bekommt Post aus Afrika: von einem ehemaligen Feriengast, der als deutscher Professor sein Wissen an den Mann, genauer gesagt an den Buschmann bringt und damit zu Ansehen und Vermögen unter dem Kreuz des Südens kommt. Ab und zu schreibt er aus seinem Südkaffraria, wo er unter Buren, Kaffern und Hottentotten hinter Pretoria eine schnelle Mark macht. Diesmal kommt sein Kajütengekritzel, wie ich dem aufwendigen Stempel und der exotischen Briefmarke entnehme, von Bord der Leonhard Hagenbucher auf der Rückreise nach Transvaal. So steht es jedenfalls auf dem Umschlag.

Mir gibt es Gelegenheit, einmal mehr an die Geschichte des Wirtes von der Roten Schanze zu denken, die dem dicken Stopf ein warmes Nest und ein weiches Bett beschert hat. Stopf, dem Flüchtlingskind.

Wenn ich mir aus der Weltkunde ein Faultier vorstelle, muss ich immer nur an Stopf denken. Und an die Rote Schanze. Eigentlich heißt er Heinrich Schaumann und war das einzige Kind zaunlattendürrer Eltern, denen er als Kuckucksei untergeschoben schien.

Jedenfalls haben sie ihn herangefüttert und ihm in den Schnabel getragen, was immer sie vermochten.

Wie Stopf zur Roten Schanze kam, so kam ich zur

Post. Beide Geschichten sind untrennbar aneinandergebunden. Beide Geschichten gehen aus von einem Mann, den wir gemeinsam bewunderten: den alten Landbriefträger Friedrich Fritze Störzer, der uns so gern von der Geographie erzählte. Volle einunddreißig Jahre ist er gelaufen, ohne einen einzigen Urlaubstag zu verlangen oder krankheitshalber auszufallen. Stets gleichmütig und stillvergnügt ist er seiner Wege gegangen. Siebenundzwanzigtausendundzweiundachtzig Meilen in vierundfünfzigtausendeinhundertvierundsechzig Berufsgehstunden. Fünfmal ist er rund um den Erdball gegangen, ohne von zu Hause fort gekommen zu sein. Er machte sich weder etwas aus dem Wetter noch aus den Wegen und schon gar nicht aus den Hunden.

Mit seiner Geographie lehrte er uns das Fernweh.

Die Geographie nannte er die allerhöchste Wissenschaft für einen von der Post. Sie machte ihn zum Welt- und Reisebeschreiber.

Er brauchte sie, wie er meinte, denn jedes Dorf sei wie die Tasche seines Briefträgers. Aus jedem Haus töne es ihm entgegen: Da kommt der Störzer.

Wie könne das einer aushalten sein Lebtag auf immer denselben Wegen ohne die Geographie?

Das hat uns gewaltig imponiert: dem Schaumann, genannt Stopf, und dem Magermilchkrüppel.

Dem alten Störzer verdanke ich das Fernweh. Ohne ihn hätte ich ihn nicht gehört: den Lockruf der Welt.

Heute bin ich Störzers Nachfolger. Auch Stopf ist immer brav zu Hause geblieben.

Heute sagt er: „Im Grunde läuft es doch auf ein und dasselbe hinaus, ob man unter der Hecke liegen bleibt und das Abenteuer der Welt an sich herankommen läßt oder ob man sich von seinem guten Freund Störzer hinausschicken läßt, um es draußen auf den Wassern und in den Wüsten aufzusuchen." Der dicke Stopf, immer im eigenen Saft.

Schauderhaft in Griechisch und Latein. Nicht mitgenommen in die Obertertia. Ein Hinhocker mit Übergewicht: der Philosoph der Roten Schanze, in die er vergafft war von Anfang an.

Stopf in seiner herausgefutterten wohlgefütterten Einsamkeit. Zusammen sind wir dem Landbriefträger Störzer über die Felder nachgerannt. Wer von uns beiden dem anderen dann und wann die meisten Haare ausgerauft, die blauesten Beulen und dick geschwollensten Augen beigebracht hatte, das mag heute dahingestellt bleiben.

Thulsern war das Nest, in dem wir jung geworden sind. Später wurde Stopf der Eroberer der Roten Schanze. Haben wir Thulserner das Flüchtlingskind in der Schar unserer Helden jemals mitgezählt? Welchen Rang hatte Stopf in unserer gymnasiastischen Affenrepublik? Haben wir eine Ahnung davon, was in einem Faultier bohren und treiben kann? Zahlt der überlegene Mensch nach Jahren ruhigen Wartens geduldig ertragene Verspottung und Zurücksetzung doppelt und drei fach heim? Heute bekommt Stopf hin und wieder Einladungen zu paläontologischen Kongressen. Er sammelt Steine und Knochen, und er kennt sich aus in der Geschichte. So weiß er von der Bedeutung der Roten Schanze schon im Dreißigjährigen Krieg.

Sein Herumkriechen in Steinbrüchen und Kiesgruben: Stopf sagt: „Die Vorstellung, in einer spätern Schicht auch mal unter den merkwürdigen Versteinerungen gefunden zu werden, hat für den gemütlich angelegten, denkenden Menschen so viel Anregendes, dass sie ihn, und noch dazu, wenn er Zeit dafür hat, unbedingt in die Petrefaktenkunde führt." Dieses Interesse hat ihn für den Witwer Andreas Quakatz eingenommen.

Gleichfalls Flüchtling und Wirt der Roten Schanze. Witwer. Ein Kind. Valentine.

Sie hatte etwas von einer verwilderten Katze. Nicht groß und nicht klein, nicht mager und nicht fett, nicht hübsch und nicht hässlich, nicht städtisch und nicht dörflich, nicht Kind, nicht Frau. Sie bewachte das blutig berüchtigte Anwesen ihres Vaters.

Der Flüchtling Quakatz wurde beschuldigt, den Viehhändler Kienbaum erschlagen zu haben. Dreimal hatten sie ihn wieder ungeköpft laufen lassen müssen. Die Verdachtsmomente waren so zufällig wie boshaft, doch der üble Leumund blieb. Jeder Pfennig, den Quakatz hergab, hatte einen Blutgeruch an sich. Wer von der Roten Schanze kam, der trug diesen Geruch in den Kleidern, und man ließ es ihn mit gerümpfter Nase merken.

Quakatz war ein Mensch, den seine Zeitgenossen unter der Hecke liegen ließen.

Nach übereinstimmender Ansicht der Thulserner hätte er schon längst den Gewehrläufen oder der Blausäure verfallen müssen. Man riet ihm, sich doch selber an dem Nagel an der Tür aufzuhängen, da er dem öffentlichen Galgen entgangen war.

Dennoch machten die Thulserner ihre Geschäfte mit Andreas Quakatz. Bei drei Feuerversicherungen hatte er die Rote Schanze versichert, weil sie ihm versichert hatten, dass sie fest überzeugt seien, er habe den Viehhändler Kienbaum nicht totgeschlagen.

Quakatz war ein vermögender Mann. Man wusste, dass er Geld hatte, einerlei, woher es stammte, ob vom Viehhändler oder nicht.

Der Flüchtling Quakatz, den Stopf später einen Mann nannte, der seinen Kopf und sein Herz seit Jahren, Jahren, Jahren mit beiden Händen hatte zusammenhalten müssen, auf dass ihm beides nicht in Wut und Angst und Grimm und Scham zerspringe.

Heinrich Schaumann war stets von der Roten Schanze angezogen.

Sie hatte es ihm angetan.

Die Rote Schanze und Valentine. Die Quakatzenburg samt Zubehör. Erfreulich war der Anblick des Anwesens gerade nicht. Verwildert und verwahrlost schien alles umher. In der Stube hing nichts an der Wand, das nicht auf beeindruckende Weise von den Fliegen verschissen war. Außerdem stand da eine Luft, die keinem gefallen konnte.

Nie ist ein Postbote böseren Hunden begegnet als vor der Roten Schanze.

Für Stopf der ideale Spielgrund.

Er vergaffte sich in Valentine, und er vergaffte sich in das Anwesen.

Stopf ging vom Gymnasium ab und wurde Großknecht in der Quakatzenburg. Er eroberte die Schanze, das Herz Valentines und ihres verfemten Vaters. Er bestellte den Acker und das Vermögen.

Stopf und Valentine wurden das glücklichste Ehepaar, das sich je ineinander hinein gelebt hatte.

Valentine veränderte sich. Sie verlor den wilden Blick

aus den Zeiten der Verfemung. Es lag eine Welt voll Vertrauen in der Rauchwolke, die ihr Gatte aus seiner Pfeife blies. Die bösen Blicke und die bösen Worte, das Geflüster und Getuschel konnten dem Paar nichts mehr anhaben. Nur manchmal erinnerte sich Valentine noch an die Geschichten, die über sie und ihren Vater im Umlauf waren. Dann sagte sie: „Es ist schlimm, es als Kind von Kindern erfahren zu müssen, dass man allein sein soll. Sie machten mir doch hinterm Rücken immer dieselben Zeichen, wie als wenn man einem einen Strick um den Hals legt oder nach einem Schlachtochsen mit dem Beilausholt."

Stopf und seine Frau kannten alle diejenigen, die sich stündlich gratulierten, nicht der Mörder von der Roten Schanze zu sein. Schließlich aber gelang es den beiden, ihr Wohlbehagen noch beneidenswerter vorzustellen. Nach und nach verbrannten sie den alten Plunder aus dem Haus, um die Rote Schanze durch Feuer von ihrer Krankheit zu heilen. Damit gelang es Stopf, Kienbaum völlig totzuschlagen. Es ist dem Heinrich Schaumann von der Hand gegangen, als wäre er von Jugend auf dabei gewesen. Auch der Garten wurde wieder hergerichtet. Stopf verschwand zwischen Johannis- und Stachelbeerstauden. Er hatte es verstanden, die bösen Geister auszutreiben. Die Verschönerungen mussten jedem, der die „Mördergrube" in ihrer Verwahrlosung gekannt hatte, ins Auge springen. In offenen Schränken zeigte Stopf seine gesammelten Versteinerungen. Nach und nach brauchte sich kein Gast mehr wie Kienbaum vor der Mitternacht zu fürchten und dankend abzulehnen, wenn er in diesem Haus ein Bett angeboten bekam. Spuktöne und Eulenschrei vom Scheunengiebel gehörten der Vergangenheit an.

Als der Flüchtling Andreas Quakatz starb, meinte der Pfarrer am Grab: „Liebe Brüder und Schwestern, wir wissen alle bis zu dieser Stunde nicht, wer eigentlich Kienbaum totgeschlagen hat. Andreas Quakatz ist nun tot. Wenn es aber der Fall ist, dass Kienbaums Mörder noch lebt, dann, o dann, christliche Gemeinde, lasst uns auch für ihn hier an diesem Grabe ein stilles Gebet sprechen."

Dann gab es das bekannte dumpfe Gepolter und die dazugehörigen Gefühle.

Sooft es ging, besuchte ich Störzer, den es immer wieder zur Roten Schanze trieb. Immerfort hat er zur Roten Schanze gewollt: da hätte er eine wichtige Zustellung. Davon hat er noch im letzten Fieber gesprochen. Ich mochte ihm zureden, soviel ich wollte. Er ist immer dabei geblieben, dass er nach der Roten Schanze müsse, er hätte da etwas abzugeben gegen Quittung. Schließlich musste ich ihm in die Hand versprechen, den fraglichen Brief nach seinem Tod für ihn zu befördern. Über diesen unruhigen Einbildungen ist der alte Friedrich Fritze Störzer sanft entschlafen.

Am Tag nach seinem Leichenbegängnis habe ich das fragliche Schreiben überbracht.

Es war an Heinrich Schaumann und Valentine Schaumann, geborene Quakatz, adressiert, und es enthielt Störzers Vermächtnis.

Stopf hat mir den Brief gezeigt.

Nie werde ich vergessen, was ich las:

„Zu alt und knickebeinig bin ich geworden für den Teil vom Gewicht der Welt, welches das Schicksal mir auf den Buckel gelegt hat. Nachts, wenn ich nicht schlafen kann, kommen mir die Gedanken, die ich des Tages bei Regen und Sonnenschein auf der Landstraße vertreten habe. Sie lassen mir keine Ruhe mehr.

Ich bin der Mörder des Viehhändlers Kienbaum.

Im Papenbusch war es, wo ich's ihm heimgezahlt habe, was er von Kindesbeinen an mir gesündigt hatte. Wenn es über das rechte Maß dabei gegangen ist, so habe ich vor Gott die langen, langen Jahre schwer an der Verschuldigung und der Bangnis getragen.

So schlimm es auch ausgegangen ist, sowenig ist davon zu erzählen.

Es ist nicht einmal über ein Mädchen oder über Geld und Geldeswert, wie es sonst zwischen anderen zugeht, zwischen uns beiden hergekommen. Wir sind nämlich in einem Alter, Kienbaum und ich, und haben in zwei Wiegen gelegen, die sozusagen Wand an Wand standen, und sind miteinander aufgewachsen und haben einer den andern ganz genau kennen lernen können.

Wie hat mir der Kienbaum meine Wege schwergemacht von Kindbeinen an, vom Schulweg bis auf die Landstraße. Er ist es gewesen, der mir auf der Schulbank den Schimpfnamen Storzhammel erfunden und für mein Leben angehängt hat. Er ist es gewesen, der mir von der Schulbank an von allen Menschen am meisten den Unterschied zwischen Armut und Wohlstand und zwischen einer langsamen Besinnlichkeit und einem hellen Kopf mit Bosheit und großem Maul zu erkennen gegeben hat. Mir hat Kienbaum so ziemlich alles angetan, was kein Junge vom andern erträgt. Es ist ja gewiss ein Mord gewesen, den ich begangen habe, aber es gehört eben alles dazu, im kleinen und allerkleinsten wie im groben und allergröbsten, was mir der

Mann als Junge und junger Mensch und Mannsmensch angetan hat.

Ich habe vorhin gesagt, es sei über kein Mädchen hergekommen, aber dabei ist doch eines gewesen. Nämlich beim Militär. Als wir zwei auch beim Militär vom Herrgott wie aneinandergenagelt waren. Ich wollte nichts von ihr, aber ich habe sie ihm, mit seinem Kind bei sich, aus dem Wasser geholt, und es wäre besser gewesen, ich hätte sie drin gelassen. Um die Alimente hat er sich nachher weggeschworen, und so ist das Kind mitsamt der Mutter verkommen.

Ich habe auch vorhin bemerkt, dass es nicht um Geld und Geldeswert zwischen uns zum Schlimmsten gekommen ist, und das verhält sich auch so. Ich war ihm nichts schuldig und er mir nichts. Doch dass ihn sein Geschäft und Reichtum auf die Landstraße führen musste, das war das Böse. Dass der Viehhändler das richtige für ihn war, wenn auch nicht immer für seine Käufer und Verkäufer, das ist sicher; aber weshalb konnte ihn der liebe Gott denn nicht auf eine andere Weise zu seinem Besitz kommen lassen und musste mich ihm immer tagtäglich, tagtäglich, tagtäglich mit seinem Hohn und Spott und Stolz zusammenbringen?

Damit geht es einmal bis zum Überfließen. Und zum Überfließen ist es gekommen.

Ein schöner Abend war's, und ich hatte einen sauren Tag gehabt – die Tasche voll und dazu ein halb dutzend Geldbriefe, was mir immer das Beschwerlichste gewesen ist, von wegen der Verantwortlichkeit und genauer Eintragung und nachheriger Abrechnung. Ich fühlte es durch alle Knochen, wie ich von Kräften war, und sagte mir: ‚Jetzt fehlte dir bloß noch der Kienbaum bei deinem

Kaputtsein.' Und in dem nämlichen Augenblick muss ich auch schon aufhorchen; denn dort um die Ecke her kommt Räderwerk, und ich höre schon von weitem, wie einer auf seine Gäule haut. Als mich Kienbaum sitzen sieht, zieht er die Zügel an und hält mit seinem leeren Viehwagen.

Ich denke: Na, heute hat er's gut im Sinne, und so ist's auch gewesen. Er hat mal ausnahmsweise einen noch Schlauern als wie er gefunden. Wie sich nachher ausgewiesen hat, Ihren Herrn Schwiegervater, Herr Schaumann. Der Ochsenhandel ist vor Gericht breit genug getreten worden als Indiz gegen den Quakatz von der Roten Schanze. Dass der Herr Schwiegervater, nach dem Geschäft am Morgen, am späten Abend auf dem Wege gesehen worden ist, war das zweite Indiz, wie Sie wissen, Herr Schaumann. Es hatten zu viele im Blauen Engel vernommen, wie sie sich um Mittag einen Schuft, Halunken und Spitzbuben um den andern an die Köpfe geworfen haben.

Aber an wem soll's denn nachher so ein Mensch wie Kienbaum besser auslassen, als an so einem wie mir? Auf mich trifft Kienbaum gerade zur richtigen Stunde für seine Gefühle. Er hält seinen Wagen an, und ich bin aufgestanden und habe meine Tasche zurechtgerückt und meinen Stock fest gefasst. Ich sehe Kienbaum in der Dämmerung sein Gesicht auf seine Weise verziehen, und da schreit er mich schon an: ‚Richtig, Storzhammel! Na, sitzt er wieder und brütet anderen die Eier aus, du Blödbock? Nimmst es mir doch nicht übel? Sind ja die besten Kameraden von der Schulbank und dem Regiment her! Da – reich mir die Hand, mein Leben!' und damit haut er mit seiner Peitsche, was er für einen guten Spaß hält, nach mir hin, dass sich die Geisel mir um den Arm legt und mir einen blutigen Striemen über die Hand zieht. Ich lasse den Stock fallen und greife im Schmerz nach ihm auf dem Erdboden; aber dafür kommt mir der nächstliegende Feldstein in die Hand. Gedacht hab' ich mir nichts bei dem Wurfe, und gezielt habe ich auch nicht. Ich sehe, wie der Mann nach der Seite schwankt und den Zügel schüttelt. Die Pferde ziehen an, der Wagen fährt an mir vorbei in die nächtliche Dämmerung:

Alles steht in den Akten ganz genau, nur ich nicht.

Gestehen?

Ich habe es versucht, aber es ist nicht gegangen.

Ich habe es wollen, aber ich habe es verschoben, immer weiter verschoben, und so sind die Jahre hingegangen in stiller Angst. Durch ein Menschenalter."

Mitten im Feuerofen

VON LUISE RINSER

... Als ich von Nicklheim abberufen wurde und die so sehr gewünschte Stelle in Lochhausen bekam, das damals noch ein Vorort von München war, fand ich mich zwischen Lachen und Weinen. Ich war also erlöst von diesem Moordorf, aber ich hatte dort Wurzel geschlagen, und als ich mich herausreißen sollte, tat es weh.

Aber dann ereignete sich etwas, das mich die Torfstich-Vergangenheit vergessen ließ und mich ganz auf die Zukunft hin spannte. Horst Günther kehrte aus Berlin zurück. Er hatte das Studium statt in vier Jahren in einem Jahr gemacht. Er war also Kapellmeister, freilich ohne Stelle noch. Aber das Schicksal war ihm günstig. Als wir eines Tages bei Frau von Kaulbach waren, sagte sie, zum Tee komme Richard Strauss.

War Richard Strauss ein Nazi, wie Klaus Mann, der Sohn Thomas Manns schrieb, nachdem er als Kriegsberichterstatter der USA Strauss inkognito interviewt hatte und feststellte, dass der Alte durchaus nicht glücklich war über das Ende des Dritten, ihm so günstigen Reiches?

Strauss war weder Nazi noch Nicht-Nazi: er wollte in Ruhe gelassen werden und viel Geld verdienen, alles andre war ihm wurst. So also war das. Und Strauss ist nicht der einzige derartige Fall. Zudem musste er gewisse Rücksichten nehmen. Er hatte eine jüdische

Schwiegertochter. Das warf ein schlimmes Licht auf die ganze Familie. Aber Hitler brauchte Strauss. Deshalb tolerierte er die Angelegenheit. Einmal soll Hitler sogar der Jüdin während des Besuchs einer Aufführung in der Wiener Staatsoper vor aller Augen herzlich die Hand geschüttelt haben. Etwa nach dem Motto: Wer Jude ist, bestimme ich.

Damals, als Strauss bei Frau von Kaulbach zum Tee war und wir dabei sein durften, saß er mitten im Erfolg und allseitigem Wohlwollen. Außer einem leichten Schlaganfall, den er hinter sich hatte, plagte ihn nichts.

Wir beiden jungen Leute saßen still da, verehrungsvoll und schweigend kritisch zugleich. Im Lauf des Gesprächs war die Rede von Strauss' Oper „Die schweigsame Frau". Strauss lamentierte, dass die Kapellmeister allesamt nicht imstande seien, die Partitur vom Blatt zu spielen.

Frau von Kaulbach besaß, von Strauss geschenkt, die Studienpartituren aller seiner Werke. Horst Günther ging an den Schrank, holte „Die schweigsame Frau" heraus, setzte sich an den Flügel und begann leise zu spielen. Strauss, etwas schwerhörig, achtete zunächst nicht darauf, aber schließlich hörte er doch etwas, das ihn verblüffte: der junge Mann spielte vom Blatt. Strauss stand schwerfällig auf, ein rotgesichtiger Bär, trabte zum Flügel, hörte eine Weile zu, schlug dann dem jungen Mann auf die Schulter und sagte: Ja Sie, wer sind denn Sie, dass Sie das können? Horst Günther stand auf, machte eine Knaben-Verbeugung und sagte, er sei Kapellmeister, freilich eben erst von der Akademie kommend. Strauss sagte: Und Sie ham das nie vorher g'spielt?

Nie.

Also des werd i' dem Clemens sag'n.

Der Clemens war Clemens Krauss, Intendant der Münchner Staatsoper. Wirklich telefonierte Strauss mit ihm, und wirklich wurde Horst Günther umgehend zum Vorspielen aufgefordert, und wirklich wurde er vom Fleck weg engagiert, vorerst als Korepetitor, aber bald studierte er die Solopartien ein und war praktisch Solorepetitor.

In dieser Zeit nun waren wir nahe beisammen: er in München, ich im Vorort Lochhausen. Wir sahen uns oft. Ich nahm meine Opern- und Konzertbesuche wieder auf, mit Freikarten meist, und mit Klavierauszügen. Ich spielte auch wieder viel Geige, und nebenbei schrieb ich einiges, so jene Geschichte „Die Lilie", die mich für immer zur Schriftstellerin machte.

Auch die Schule machte mir Freude. Die Kinder waren lebhaft und wach, und ich konnte mit ihnen auf meine moderne Art arbeiten: in Gruppen, mit möglichst wenig Eingriffen meinerseits, straflos auch und mit Betonung der Erziehung und nicht des Unterrichts. Ich schrieb damals auch einen Aufsatz für die pädagogische Zeitschrift „Die Scholle", es ging dabei um die Behandlung Schwererziehbarer in einer normalen Klasse. So lief denn alles gut, bis zu jenem Tag, da der Bezirksschulrat zu Besuch kam und herausfand, dass die so lobenswerte Lehrerin weder in der Partei war noch in der Hitlerjugend noch in einer andern Naziformation. Von diesem Tage an schwebte die Entlassung über mir. Es war nicht so, dass jeder Lehrer entlassen wurde, wenn er nicht in der Partei war. Mein Freund Karl Pflanz, damals mein Schulleiter, war auch nicht in der

Partei, aber er galt als Sonderling, ihm gab man Narrenfreiheit. Mir nicht. Ich war schon auf einer schwarzen Liste. Die Drohungen des Schulrats waren deutlich. Ich kam der Entlassung zuvor, indem ich im Frühling 1939 freiwillig aus dem Lehrdienst schied.

Gerade da bekam Horst Günther die Stelle des Dritten Kapellmeisters ans Staatstheater Braunschweig. Ich erhielt als Staatsbeamtin ein paar Tausend Mark Abfindung, und ich verkaufte alles, was ich verkaufen konnte: die wertvollen alten Bücher, die mir in meiner Kindheit der Herr Griesbach geschenkt hatte (ausgenommen die rehbraune Sanskritgrammatik, die kein Antiquar wollte), ich verkaufte auch das Klavier, das mir meine Eltern überlassen hatten, und mein Vater war darüber sehr böse, weil er sich selbst schwer davon getrennt hatte. Aber wir brauchten das Geld so notwendig, um ein paar Möbel kaufen zu können. Und dann gaben uns auch meine Eltern einiges Geld, sie hatten sich mit dem Schwiegersohn befreundet, er war ja kein armer Musikstudent mehr, wiewohl Preuße und Protestant weiterhin, aber immerhin mit aller sanften Selbstverständlichkeit zur katholischen Trauung und Kindererziehung bereit. Sie kamen auch zur Hochzeit.

Die standesamtliche Trauung fand in Lochhausen statt, und wir verursachten dabei einen kleinen Skandal, als der Nazi-Bürgermeister uns Hitlers „Mein Kampf" überreichte, das Buch, das jedes Brautpaar vom Führer bekam, und als er dabei sagte: „Nun gehen Sie hin und schenken Sie dem Führer möglichst viele Kinder", da trat mich mein Ehemann gegen das Schienbein, und er trat auch gegen das Schienbein des Trauzeugen Egon Schwarz, des Bruders von Reinhard Schwarz-Schilling, und wir schrien vor Schmerz *au*! und dann lachten wir hemmungslos und hysterisch und konnten uns nicht mehr beruhigen. Die Zeremonie endete damit, dass der Bürgermeister uns hinauswies. Draußen wurden wir still: es kam uns wieder einmal zu Bewusstsein, dass wir Unangepasste waren, „Staatsfeinde", also Bedrohte. Aber wir schoben den Gedanken wieder einmal beiseite. Am nächsten Tag war die kirchliche Trauung in der kleinengotischen „Gasteigkapelle" an der Isar. Als wir aus der Kirche kamen, sagte eine fremde Frau:

Dass man solche Kinder schon heiraten läßt! Wir sahen aus wie achtzehn.

Und dann zogen wir nach Braunschweig um. Einige Monate des ungetrübten Glücks. Dann der riesige schwarze Schatten: der Krieg. Unheil um Unheil. Nach dem Überfall Hitlers auf Polen die Kriegserklärung Frankreichs und Englands an Hitlerdeutschland, das missglückte Bombenattentat auf Hitler in München im Bürgerbräukeller, der Einmarsch der deutschen Armee in Dänemark und Norwegen, der schwere Luftangriff auf Rotterdam und auf London, der Einmarsch der Deutschen in Frankreich, dann in Griechenland, dann in Russland.

Und die vielen Einflüge der englischen Bomber über Norddeutschland, die Braunschweiger Bombennacht, in der es mir nicht mehr gelang, mit dem Kind in den Luftschutzkeller zu flüchten, so schnell waren die Bomber über uns, Horst Günther war zur Feuerwacht im Theater, ich blieb sitzen mit dem Kind auf dem Schoß, und die Bomben fielen, die Fenster splitterten, die Dachziegel rutschten ab und zerbarsten vor dem Haus, ich beugte mich über das Kind und war bereit zu sterben. Aber schon war der Spuk vorüber. Vor und hinter dem Haus waren Bombentrichter. Das nächste Mal und von da an ging ich überhaupt nicht mehr in den Keller, der Luftschutzwart war ein Gestapo-Spitzel, das wurde uns allen klar, als wir ihn dabei ertappten, wie er unsre aufsässigen Reden niederschrieb.

Unter uns wohnte eine Frau mit ihrer erwachsenen Tochter, die mit einem Offizier verlobt war. Wenn er in Urlaub kam, hörten wir die Sektkorken knallen, und wir rochen den Gänsebraten aus Polen, und an der Wäscheleine auf dem Balkon hingen Seidenstrümpfe und Seidenblusen aus Frankreich, und die Damen dufteten nach Pariser Parfum.

Alle Offiziere und auch die „Gemeinen" brachten Beuteware mit. So war das eben. So gehts eben zu im Krieg, solange man zum Siegervolk gehört.

Wir litten noch keinen Hunger, denn wir hatten einen holländischen Freund, einen Pianisten, der uns Pakete mit Käse schickte. Aber wir erlitten anderes: Horst Günther hatte einen Vertrag, der ihm zwölf Opernaufführungen garantierte. Er bekam keine. Als er sich beim Intendanten Alexander Schum beschwerte auf seine leise Art, sagte der ihm: Was wollen Sie? Seien Sie froh, dass wir Sie überhaupt noch beschäftigen!

Wir waren schon bekannt als Antifaschisten. Ganz zuletzt bekam Horst Günther doch noch eine Oper: „Rigoletto". Das war die letzte Aufführung, die ich ihn dirigieren sah. Dann, im Herbst 1941, zogen wir nach Rostock, wo er Erster Kapellmeister wurde.

Der Rostocker Herbst und Winter: mein zweiter Sohn, Stephan, wurde geboren. Die Bomben fielen auf die Heinkel-Flugzeugwerke. Unsere Wohnung in der Kölner Straße, ebenerdig, mit dem Blick auf einen Hof mit Aschentonnen und Teppichstangen, war kahl und kalt, Stephan weinte viel, das Mädchen, das mir das Arbeitsamt zuwies, bestahl uns, und mir war nach dem Erfolg der „Gläsernen Ringe" jede Publikation verboten. Und dann kam die „Evakuierung" nach Schlesien, nach Steinseiffen bei Krummhübel, wo man mich nicht und auch sonst keine Fremden wollte und mich bald herausekelte. So kehrte ich denn nach Oberbayern zurück. Im Herbst 1942 wurde Horst Günther zum Militär eingezogen, und an Weihnachten bekam ich eine offene Postkarte: Mir gehts gut, leider kann ich mit niemandem deutsch sprechen.

Was für eine seltsame Botschaft! Erfahrene erklärten mir, das bedeute, er sei mit Ausländern zusammen, also mit Leuten aus dem Balkan, die als Kanonenfutter an die vorderste Front geschickt würden. Es war eine Strafkompanie für Horst Günther. Er fiel bald.

Ich war mit meinen kleinen Kindern von Schlesien nach Oberbayern gefahren, im verdunkelten Zug, in der Holzklasse, mit vielen Aufenthalten auf freier Strecke, Bomben fielen, Sirenen heulten und Nürnberg brannte lichterloh, es war ungewiss, ob der Zug noch passieren könne. Neue Angriffe waren zu erwarten. Schließlich kamen wir doch in München an. Meine Mutter erwartete mich seit vielen Stunden, ihr nüchtern praktischer Verstand bewährte sich schön: sie nahm mir die müden Kinder ab, wusch sie mit dem mitgebrachten Schwamm, gab ihnen Milch und war selig, ihre Enkel bei sich zu haben.

In ihrem Haus in Rosenheim war nur ein kleines Dachstübchen frei, das Haus war zwangsvermietet an andre

Bombengeschädigte. Ich konnte dort nicht bleiben. So fuhr ich denn mit geliehenem Fahrrad Tag für Tag im Chiemgau herum auf Suche nach einer Wohnung, aber jedes Zimmer, jedes noch so baufällige Häuschen, jede Hütte war besetzt. Schließlich fand meine Tante Marie, jene, die einst die böse Kommunistenbraut war, in der Nähe von Salzburg ein lang verlassenes Haus. An den Wänden wuchs Schimmel, die Mäuse hatten die Türen angenagt, es gab kein elektrisches Licht, kein fließendes Wasser, und das Klo war außerhalb. Aber es hatte einen Garten, und hinter dem Haus war der Wald mit Tannenzapfen zum Anfeuern und mit Staatsholz, in große Scheite geschnitten, zum Stehlen bereit.

Und die Tante Marie brachte uns immer wieder etwas zum Essen, sie tauschte Butter und Eier ein für ihre „Kracherl", die sie, Krieg hin, Krieg her, in ihrer kleinen Fabrik herstellte, diese kohlensäureperlenden Limonaden, giftgrün und himbeerrot und zitronengelb, alles billige Chemie, aber von den Bauern sehr begehrt, es gab ja sonst nichts mehr zu trinken. Aus Tante Maries armseligen Anfängen war ein gut gehendes Unternehmen geworden.

Obwohl sie mich nicht leiden konnte, weiß Gott warum, waren wir in jener Zeit Verschworene: wir waren Antifaschisten. Sie hörte mitten im Dorf Nacht für Nacht den englischen Sender BBC. Darauf stand KZ. Sie hörte dennoch. Die Nachrichten steckte ihre Tochter, meine junge Kusine Fanny, in die Spitze ihrer Strümpfe und überbrachte sie mir. Ich hatte kein Radio. Ich meinerseits gab dann die neuesten Nachrichten reihum weiter, was keineswegs unbeobachtet blieb, wie sich bei meiner Verhaftung zeigte.

Alles in allem: diese Monate waren relativ friedlich. Ich schrieb damals an Hesse: Es scheint, dass die Tränen nun für einige Zeit ausgeweint sind.

Irrtum. Mein liebster Vetter fiel im Krieg, ich durfte nichts mehr publizieren, mein Mann war tot, ich saß allein in meinem Waldhaus, weitab vom Dorf, weitab von Nachbarn, hinterm „Totenhölzl", jeder konnte mich überfallen, jeder mich bespitzeln. Ich war arm, meine Eltern schickten den Kindern Wäsche und Wolljacken, mit Geld konnten sie mir kaum helfen, es gab ja auch nichts zu kaufen, aber der gute Peter Suhrkamp schickte mir monatlich hundert Mark, bis er ins KZ Sachsenhausen kam. Ich baute Kartoffeln und Bohnen im Garten an, ich sammelte Wildkräuter, ich ging hamstern, um wenigstens ein paar Löffel Mehl und ein Ei heimzubringen.

Arm, arbeitslos, hungrig, einsam, schutzlos, von der Gestapo überwacht, und dennoch nicht unglücklich, denn ich hatte mich selber wieder gefunden. Ich lernte begreifen, dass man mitten im Feuerofen auf seltsame Weise unversehrt bleiben kann.

Cadbury und
schwebende Klaviere

VON UWE FRIESEL

Im Winter war Eis, schwarzes Eis, so weit das Auge reichte, mit goldstopplig-reifigen Rändern aus Schilf. In dem Schilf staken Rohrkolben, die wir im Dunkeln zu roten Glühstrümpfen entflammten. Die Kälte spürten wir nicht. Wir waren Kinder. Wir wussten zwar, irgend etwas Unvorstellbares war in der Welt geschehen, es hatte gebrannt und gekracht, nirgends waren Väter, nur Mütter und Großeltern, und die zitterten hinter gesprungenen Fenstern in klammen Wohnungen mit Kanonenöfen, für die es keine Kohle und kein Brennholz gab.

Das heißt, Brennholz gab es schon. Wir brachten es mit. Deshalb mussten wir ja immer den Abend abwarten, ehe wir von der Unendlichkeit aus Eis, von den überschwemmten Feldern links und rechts von Wabe und Riede zwischen Kreuzteich und Gliesmaroder Bahndamm heimkamen. Damit uns niemand sah mit den Resten alter Zäune unter dem Arm oder auch mit Mützen voller Kohle, die wir von den langsam fahrenden Güterzügen heruntergeharkt hatten trotz des Soldaten mit der MP im Rangiererhäuschen des hintersten Waggons. Wir waren klein und schnell und verschwunden, ehe das Licht der Taschenlampe uns traf. Nur einmal wurde geschossen. Es erwischte eine Frau, die nicht klein und schnell, sondern hager und ungelenk war mit ihren zwei Eimern voll Koks. Wie konnte man mit zwei vollen Eimern den Bahndamm runter laufen? Sie hätte sie einfach hinstellen und die Hände heben können. Nichts wäre ihr passiert, klapprig und namenlos, wie sie aussah.

Aber das wusste sie nicht als Erwachsene in der Erwachsenenwelt.

Meine Kindheit dauerte von 1945 bis 1948. Mit der Währungsreform hörte sie auf, spätestens aber 1952, da ich mit den Eltern in eine andere Stadt musste. Alle Häuser zwischen unserem Haus in der Richterstraße und dem Bahndamm waren zerstört. Vielleicht hatte es auch nie Häuser dort gegeben, sondern immer nur Schrebergärten und Schutthalden wie jetzt. „Richterstraße" war der neue Name. Noch gestern hieß sie „Kapitän-Lehmann-Straße". Noch gestern war es das „Fliegerviertel". Richthofen und Udet und Galland, sie alle hatten eine eigene Straße im Fliegerviertel. Ich meinte immer, sie wohnten hier. Mein Vetter, der zehn Jahre älter war als ich, baute aus Papier ihre Flugzeuge nach, aus Ausschneidebögen, die der Papierhändler an der Ecke noch stapelweise in seinem Keller hatte; seine Schaufenster aber waren leer, Papier hatte er nicht, auch keine Schulhefte oder Bleistifte oder Tinte. Die Flugzeuge hingen an Fäden von der Decke, und mein Vetter, übrig gebliebener Hitlerjunge mit geflochtener Fangschnur, ahmte ihre Motoren und das Maschinengewehrfeuer nach.

Im Nußberg fanden wir Flugzeugmunition, gürtelweise für Bordkanonen, in Kisten versteckt, die mit Metall ausgeschlagen und mit Vorhängeschlössern gesichert waren. Auch sie konnten nur bei Dunkelheit transportiert und mussten gut in einem ehemaligen Luftschutzkeller verborgen werden, dessen Notausstieg hinter einem Fliederbusch mündete. Mit Zangen knipsten wir die Messingspitzen ab und sammelten das schwärzliche Pulver in einem Einmachglas. Die Hülsen und Geschosse verkaufte mein Vetter als Altmetall. Mit dem Erlös, von dem meine Mutter nichts wusste – sie konnte ja nicht ahnen, dass wir unter dem Nachbarhaus mit Zange und Säge Munition entschärften – kaufte er alsdann neue Modellbögen für seine papierne Luftwaffe, mir aber braunen Sirup zum Löffeln, damit ich nichts verriet.

Draußen, in der ehemaligen Wirklichkeit, gab es den Fliegerhorst und das einstige Oberkommando der Luftwaffe. Als wir dort herumschlichen, verscheuchten uns britische Besatzungssoldaten. Sie waren damit beschäftigt, ringsum Stacheldraht auszurollen. Bald war fast das gesamte Viertel von Stacheldrahtrollen abgetrennt. Durch den Stacheldraht reichten sie uns manchmal Kaugummi oder Cadbury-Schokolade. Dann spuckte mein Vetter vor uns aus und zischelte „Verräter!" Wenn unsere Bettelei keinen Erfolg hatte, kauten wir Stearin von Kerzen. Das hielt die Magensäfte in Gang, und man war weniger hungrig.

Nicht dass die Ruinen uns Angst eingeflößt hätten. Sie sahen eher putzig aus, mit ihrer ragenden Treppe, im Zick-zack ins Leere führend, festgeklammert an einem Mauerrücken oder einem Schornstein, und hinter den Fensterhöhlen blaue Luft. Oft hing auch ein Klo über dem Abgrund, am Abflußrohr. Das sah besonders irre aus.

Am irrsten waren die Klaviere von Grotrian-Steinweg. Um die zu sehen, musste man eine weite Strecke stadteinwärts laufen zwischen Trümmern, und dann die Gliesmaroder Straße überqueren, aber das war nicht besonders schlimm, denn außer der halbstündigen Straßenbahn fuhr dort nichts.

Die Klaviere standen in Gruppen oder einzeln auf den durchsichtigen Etagen. Von der Fabrik stand nur noch ein Gerippe aus Beton. Die Mauern waren ringsum weggerissen. Als ich meiner Mutter erzählte, wir wären mit einer selbstgebauten Leiter in den ersten Stock und hätten in der freien Luft „Abendstille überall" gespielt, durften wir eine Woche lang nicht mehr fort. Überhaupt wurde meine Mutter immer ängstlicher, je länger der Frieden dauerte. Stromsperre war für sie gleichbedeutend mit Sperrstunde. Wir hatten Mühe, noch genügend Brennholz zusammenzukriegen. Sie wolle gar nicht wissen, wo wir es herhätten, sagte sie. Nachts träumte ich von den großen schwarzen Klavieren, die „Flügel" hießen. Die Deckel klappten hoch, und die Ratten liefen die Saiten auf und ab und spielten trippelnde Tokkaten, wie von Harfen. Oder war es nur der Wind, der über die Betonböden fuhr?

Die Straßenbahnen hatten Sitze aus Holzleisten und lederne Schlaufen zum Festhalten, an die aber wir Knirpse nicht rankamen. Der Schaffner riss an einer Lederleine, es klingelte, und die Bahn fuhr los. Wir fuhren grundsätzlich ohne Fahrschein. Wenn der Schaffner uns erwischte, sprangen wir an der nächsten Haltestelle raus und liefen in verschiedene Richtungen davon. Er konnte ja nicht hinterherlaufen. Die Bahnen waren rostig-gelb. In den Kurven quietschten sie. Oft sprang die

Rolle vom Draht, die Rolle an einer langen Stange, einer stählernen Angelrute, die zum Stromkabel hinaufführte. Sollte die Straßenbahn in die andere Richtung fahren, musste der Schaffner die Angel an einer Leine rund um den Triebwagen herumführen und am anderen Ende wieder festmachen. Meist war der Schaffner eine Schaffnerin.

Die Waschküchen der Ruinen waren randvoll mit Wasser, das nicht mehr abfloss. Man konnte darin Kaulquappen fangen. Man konnte sich aber auch an einem rostigen Zinken den Fuß aufreißen. Dann musste man ins Krankenhaus oder zum Arzt, und die Mutter weinte drei Tage und wimmerte mit rot geweinten Augen, wie lange sie das noch aushalte, wisse sie auch nicht. Sie hielt aber alles mögliche aus: keine Nadeln, kein Faden, keine Knöpfe. Kein Glas für die zugigen Fenster. Ein Silberbesteck für sechs Eier, einen Teppich für ranzige Butter und schlechte Wurst. Keine Nachricht von Vater, den ich Gott sei Dank nicht kannte. Die Fotos vor der Kulisse erbeuteter Panzer machten mir jedes mal Angst, während mein Vetter sofort aufheulend mit einer Papierstuka durch die Wohnung lief. Meine Mutter hielt auch meinen Vetter aus, der Vollwaise war. Morgens, mittags und abends gab es Mais: als Brei, als Fladenbrot, als Pudding, immer gelb-kratzig und trocken im Hals, doch Himbeersaft gab es nie, nur manchmal diesen braunen Sirup aus Rübensaft. Mais, nichts als Mais. Später lernte ich, dass die Amerikaner nur deshalb immer Mais geschickt hätten, weil die Deutschen „Korn" wollten, „corn" aber hieß Mais, und die Amerikaner fragten sich kopfschüttelnd, warum nicht Weizen oder Gerste, wovon sie im Überfluss hatten. Aber die Krauts wollten ja ausdrücklich „corn" und nichts sonst. Da begriff ich, wie wichtig Fremdsprachen sind.

Wenn sie aber gut beisammen war, meine Mutter, weil sie echte Margarine bekommen hatte statt Lebertran oder Stearin – auch mit Stearin läßt sich eine Pfanne einreiben – wenn sie also selbst genügend zu Essen gehabt hatte und gut bei Kräften war, fuhren wir allesamt, zehn oder zwölf kurz geschorene Kinder in Autoreifensandalen und Uniformstoffhosen, sie aber in einem luftigen Kleid aus Fallschirmseide, mit den Fahrrädern nach Riddagshausen zu den Teichen, manchmal sogar noch weiter, quer durch die in Trümmern liegende Stadt bis zum Kennelbad. Wir konnten alle schon schwimmen, wenn wir es auch nur in abgesoffenen Waschküchen geübt hatten. Die Fahrräder waren aus den Teilen anderer Fahrräder, deren verkrümmte Leichen wir aus dem Schutt zerbombter Häuser bargen, neu zusammenmontiert. Wulstreifen waren schwieriger aufzuziehen als Drahtreifen. Die Schläuche hatten Blasen vor lauter Klebeflecken. Verklemmte Mittellager mussten frei geklopft werden, am besten mit Hilfe eines Lötkolbens, und dann neu in Fett gelagert. Manchmal zog sich die Suche nach einer Ersatzgabel über Wochen hin. Doch wir hatten stets intakte Fahrräder.

Wir rasten mit den Fahrrädern um den Block und spielten Motorradrennen, wie wir es in der Wirklichkeit gesehen hatten, nicht etwa nur als Film im Dux-Kino meines Vetters mit Rudolf Caracciola auf der Avus, sondern lebensgroß, im Prinzenpark, mit Schorsch Meyer auf BMW-Eigenbau und Heiner Fleischmann auf NSU. Wir saßen auf dem Denkmal mit dem Löwen am Stadtpark. So konnten wir über die Erwachsenen hinweggucken und waren in Sicherheit. Die paar Strohballen am Straßenrand hätten kaum eine ausbrechende Maschine gebremst. Es stank nach Leichtbenzin-Mixturen und Öl, und der Lärm war höllisch. Die Männer in ihrem Lederzeug und die donnernden Motorräder waren das krasse Gegenteil zur gewohnten Stille auf den Straßen, wo wir Rollschuh fuhren und Schlagball spielten oder eben in halsbrecherischer Schräglage das Prinzenpark-Rennen nachahmten, uns heiser brüllend an dem atemberaubenden Motorengeräusch. Es war eine Welt der Erwachsenen ohne Erwachsene. Die Väter waren vermisst oder in Gefangenschaft, die Mütter waren in der Küche, beim Steineklopfen oder beim Schlangestehen wegen hundert Gramm Pferdefleisch oder was für Fleisch auch immer. Auch Kaninchen aßen wir gelegentlich, die wir mit Schlingen gefangen hatten.

Hinter dem Bahndamm war die Welt voller Tiere. In den Flüssen und Teichen gab es Elritzen und Stichlinge, Frösche und Lurche. Auf den Feldern ringsum stelzten Störche, Kraniche standen einbeinig am Ufer, Rohrdommeln ragten reglos im Schilf. Von niemandem behelligt, hoppelten Hasen übers Versuchsfeld, Rehe ästen am Waldrand. Im Prinzenpark hockten Käuze im Geäst der Buchen, winters sogar eine Schleiereule. Tiefer Friede herrschte zwischen den Ruinen, die Straßen still und voller Schlaglöcher, die Fabriken einsam und dunkel. Da die Winter streng waren, kamen die Tiere bis in die Vorstadt. Auch Füchse. Unser Nachbar, der einbeinige Herr Drinkmann, hatte am Gliesmaroder Bahndamm einen Schrebergarten. Dort hielt er Kaninchen und Hühner in hölzernen Verschlägen, die er sorgfältig abschloss. Trotzdem erwischte ein Fuchs die Hühner, und Diebe nahmen die Kaninchen mit. Das freute die Frauen ringsum, denn Drinkmann war Blockwart gewesen und ein Feigling und Denunziant. Wir Kinder wussten nicht, was das war, freuten uns aber mit, weil Drinkmann sofort mit der Krücke drohte, wenn wir in die Nähe seiner Karnickel kamen. Beute machten wir lieber anderswo. Wir hatten blutige Knie und waren vom roten Lehm des Nußbergs verschmiert, wenn wir abends glücklich mit geklautem Obst, Brennholz, Kartoffeln und Kohle zurückkamen. Einmal musste der Freund meines Vetters, der auch Zwillen und Flitzbogen schnitzen konnte, mit seinem Fahrtenmesser eine Luftgewehrkugel aus seinem Schenkel pulen. Ein Gartenbesitzer hatte hinter uns her geschossen. Aber Trapper und Indianer kennen keinen Schmerz und petzen nie. Sie sind zwar gleichmäßig arm und zerrissen, aber sehr erfinderisch beim Bau einer Seifenkiste oder eines Marterpfahls oder in der Wiederbelebung von toten Drähten und Schrauben. Und meistens glücklich. Wir lebten im Stande der Gleichheit und der Unschuld bis zur Währungsreform, vielleicht auch ein bisschen darüber hinaus. Dann begann die Ungleichheit.

Der einbeinige Herr Drinkmann hatte auf einmal einen DKW 3=6 und wurde Pförtner bei Büssing. Es begann die Rückkehr der Väter in geordnete Berufsbahnen. Der Wiederaufbau und die Zerstörung der Natur machten Fortschritte. Ordnung kam in die Vorgärten, wo vorher Kartoffeln und Tomaten gestanden hatten.

Eines Tages verschwanden auch die Tommies. Die Briten waren strenge Hüter ihrer Stacheldrahtrollen gewesen, aber wiederum hatten sie sie auch durchlässig gemacht. Zum Beispiel durften wir Schüler in dem Löschteich hinter der Fliegerhorst-Kaserne baden. Deren einer Flügel, der ins Franzsche Feld hineinragte, beherbergte unsere Schule. Ein Soldat mit Helm öffnete eine Tür in der Umzäunung, und wir durften uns in einem Army-Zelt umziehen, das eigens als Umkleidekabine hergerichtet war. Und während mein armer Vetter noch immer mit seinen Papier-Stukas britische Spitfire abschoss, ging ich mit meiner gemischten Klasse schwimmen, und im Dezember lud unser Lehrer die Kinder der englischen Soldaten zur Weihnachtsfeier ein, und ein Weihnachtsmann mit englischem Akzent verteilte Cadbury-Schokolade.

Kapitulation, Reparation, Besatzung: wir Kinder unter dem Gliesmaroder Bahndamm hatten keine Ahnung davon.

Mit achtzehn Jahren, ein junger Mann schon, bin ich noch einmal an den Ort meiner Kindheit zurückgekehrt. Ich hätte es unterlassen sollen. Ich hatte eine Klassenkameradin wieder treffen wollen, die damals mitgepaddelt war im Feuerlöschteich der Tommies, traf aber nur die hochtoupierte Verlobte eines Frisörs. Ich ging spazieren. Wie lächerlich pappte der Löwe an seinem Sockel im Stadtpark! Wie banal umsäumten adrette Ligusterhecken die Vorgärten in der Richterstraße! Wie quadratisch diese ganze Architektur aus den Zwanzigern! Mir steckte ein Kloß im Hals. Ich war gerade in Kalifornien gewesen, als Austauschschüler. Wie klein hier alles war! Das Tal des Todes und der Yosemite-Nationalpark wollten sich mit Thingplatz und Rodelbahn am Franzschen Feld nicht zusammenfügen.

Nichts wollte sich mehr zusammenfügen. Schrecklich

hoch, spürte ich, war der Preis des Erwachsenwerdens und grausam der Einbruch von Geschichte in unser Bewusstsein.

Versuch einer Personenbeschreibung: Benno Ohnesorg

VON UWE TIMM

Am 2. Juni 1967, nachts in Paris, wo ich damals studierte, hörte ich im Radio von einer Anti-Schah-Demonstration in Berlin, dabei sei es zu blutigen Ausschreitungen und zum Tod eines Demonstranten gekommen. Später hieß es, der Demonstrant sei erschossen worden, ein 26jähriger Student, und dann fiel sein Name – hatte ich richtig gehört? Langsam drang der Verdacht ein, der Schreck. Anrufe in Deutschland bei Freunden, dann die Gewissheit, der genannte Student war er, Benno Ohnesorg.

Eine Woche später, in einer Zeitschrift, sah ich das Foto: Er liegt am Boden, bekleidet mit einer Khakihose, einem Hemd, Sandalen an den Füßen, die Augen geschlossen, die ausgestreckte Hand entspannt geöffnet. Auf dem Asphalt eine dunkle Lache – Blut. Neben ihm kniet eine junge Frau in einem langen schwarzen Abendkleid. Die Frau könnte gerade aus der Oper gekommen sein. Wahrscheinlich eine Ärztin, vermute ich, sie blickt nach oben, vielleicht will sie etwas fragen, oder sie gibt eine Anordnung, sie hält den Kopf des Liegenden, eine fast zärtliche Geste. Es könnte eine Einstellung aus dem Film „Orphée" sein. Ein Film, den er mochte, den er sich mehrmals angesehen hatte. Ein schwarzer Engel kniet an der Seite des Sterbenden.

Eine Zeitlang verfolgte ich den Plan, über diese drei Menschen zu schreiben, über ihn, den Freund, über den Zivilfahnder Kurras, der den Fliehenden von hinten in den Kopf geschossen hatte, und über diese unbekannte Frau auf dem Foto, die ich ausfindig machen wollte. Ich wollte etwas über die drei Menschen erfahren, die ein Zufall zusammengeführt hatte: ein Täter, ein Opfer, eine Helferin.

Aber vor allem wollte ich über ihn schreiben, weil sein Schreiben durch diesen gewaltsamen Tod abgebrochen war.

Der Polizeipräsident, der die Aktion damals gegen die Demonstranten befehligte, Duensing, ein ehemaliger Wehrmachtsoffizier, hatte für die Auflösung der Demonstrationen einen Manöverplan entwickelt und dem auch einen Namen gegeben: die Leberwursttaktik. Demonstrationen sind wie Leberwürste aufzulösen: In die Mitte hineinstechen und dann vom Ende her rausdrücken.

Proteste und Demonstrationen hatte es schon vor dem 2. Juni 1967 an den Universitäten gegeben. Sie richteten sich gegen die autoritäre Struktur von Universität und Schule, gegen den Vietnamkrieg, gegen die Kolonialkriege in Angola und Mocambique, gegen das Apartheidregime in Südafrika, und nicht zuletzt gegen die Vätergeneration, die, jedenfalls in ihrer überwältigenden Mehrheit, egal ob an der Front, in der Etappe oder in der Rüstungsindustrie, an den Verbrechen des Dritten Reiches beteiligt war, aktiv oder aber auch nur passiv, und die nun in den Institutionen saß, im Gerichtswesen, in der Wirtschaft, in den Behörden, im Militär.

Aber erst der Tod von Ohnesorg zeigte in einer hochverdichteten Situation diese Zusammenhänge auf: Der Schah, Repräsentant eines diktatorischen Regimes aus einem Land der Dritten Welt, mit deutschen Regierungsvertretern in der Oper, geschützt von der deutschen Polizei, ein Staatsapparat, der sich in dieser massiven Gewaltanwendung tatsächlich als repressiv entlarvte. Zunächst hieß es, der Demonstrant habe sich gewehrt. Dann konnte durch Zeugenaussagen belegt werden, Ohnesorg hatte friedlich protestiert, war vor dem Knüppeleinsatz weggelaufen, also auf der Flucht erschossen worden.

Bei der Überführung seines Sarges von Berlin nach Hannover folgten ihm Tausende, von den Autobahnbrücken hingen schwarze Fahnen. Vom 2. Juni an wurde der Protest, der bis dahin im wesentlichen auf Berlin und Frankfurt konzentriert war, zu einem Protest an allen deutschen Hochschulen, eine Rebellion, die antiautoritär war und sich für eine radikale Demokratisierung der Gesellschaft einsetzte. Sicherlich, es war eine Protestbewegung nur im gesellschaftlichen Überbau, aber gerade darum bekamen Wörter und Begriffe eine erstaunliche Hebelkraft: Basisdemokratie gegen Establishment, Hinterfragen gegen autoritäre Selbstverständlichkeit. Viele Professoren wurden sprachlos, als plötzlich ihre Lehrinhalte hinterfragt wurden. Für wen und in wessen Interessen wurde Wissen vermittelt?

Hinter solchen Fragen stand die Forderung nach einer Gesellschaft, die sich an emanzipativen Bedürfnissen ausrichten sollte, eine Gesellschaft, die mehr Gleichheit und Freiheit garantierte. Am Anfang dieser Rebellion stand sein Name, weil er Opfer und weil er Student war.

Hinter seinem Namen trat die Biographie völlig zurück, interessierte, weil sie unpolitisch war, nicht weiter. Man las eben noch, er sei verheiratet gewesen und habe sein Abitur über den zweiten Bildungsweg nachgeholt.

Wir haben uns 1961 kennen gelernt, am Braunschweig-Kolleg. Was mir an ihm zuerst auffiel, war sein versammeltes, nachdenkliches Schweigen. Er war groß, schlaksig, ja dünn. Lachte er, hatte er die Angewohnheit, sich ein wenig nach vorn zu biegen, so als müsse er das Lachen unterdrücken oder nach innen lenken.

Das Kolleg bot Erwachsenen mit abgeschlossener Berufsausbildung die Möglichkeit, sich in zwei Jahren ganztägig auf das Abitur vorzubereiten. Wer damals am Kolleg aufgenommen worden war, machte, mit ganz wenigen Ausnahmen, auch sein Abitur. Das Aufnahmeverfahren bestand aus einem Intelligenztest, einer psychologischen Prüfung und einer dreitägigen mündlichen und schriftlichen Prüfung. Ich weiß nicht, wie hoch der Prozentsatz derer war, die abgelehnt wurden, jedenfalls hoch genug, um bei den Aufgenommenen ein recht elitäres Selbstverständnis zu erzeugen. Gerade der Intelligenztest trieb manch groteske Blüten hervor, die Fragen nach dem höchsten IQ (jeder Kollegiat kannte nur seinen eigenen), war unter den Kollegiaten (nur zwei Frauen waren damals unter den 32 Aufgenommenen), eine Frage wie nach der Potenz. Und da alle verspätet und auf einem Umweg zu den Akademien aufstiegen, gab es in allen Lebensbereichen ein ziemliches Konkurrenzgerangel. Andererseits aber bot das Kolleg einen wunderbaren Überschuss an Möglichkeiten, plötzlich, nach Jahren in einem ungeliebten Beruf, für mich die Kürschnerei, für Benno Ohnesorg die Dekorateursarbeit, begann das Abenteuer des Lesens, des Lernens, man bekam Anregungen durch Lehrer, wenn sie denn selbst angeregt waren, lernte ganz andere Lebensentwürfe und Interessen bei den Mitkollegiaten kennen, oft eigenwillige und obsessive Lebensformen. Für mich war es eine Entdeckungsreise, die ich mit mir selbst machte: excessive Lektüre, Schreiben, Streifzüge durch Theater, Kneipen, Tanzcafés, irrwitzige Partys – eine chaotische, kreative Zeit, in der ich mit mir selbst experimentieren konnte. Er, Benno Ohnesorg, hingegen hielt sich von dem Treiben eher fern, las, schrieb, konnte sich absondern, ohne dabei aber sonderlich zu wirken. Las er, war es ein meditatives Versunkensein.

Wir gründeten – ohne damit einen Lehrer zu behelligen – eine Theatergruppe, spielten Ionesco; gaben eine literarische Zeitschrift heraus, teils-teils, die dann allerdings nicht über die erste Nummer herauskam.

Ein Foto zeigt uns auf einer Bank in London, wohin wir eine Klassenreise gemacht hatten. Zwischen uns sitzt eine Chinesin, die Tochter eines Mandarins aus Hongkong. Wir hatten sie eben kennengelernt. Aber wo? Ich glaube in der Tate Gallery.

Er sitzt da, schlank, nein dünn, in einem dunklen Anzug, darunter trägt er ein helles Hemd, den Kragen offen, wie von Helmut Lang eingekleidet, die junge Generation heute würde vermutlich sagen, er sieht cool aus, nur das – im wörtlichen Sinn – war er eben nicht, sondern vielmehr von einer geradezu schüchternen Empfindsamkeit, von einem spürbaren Bei-sich-sein.

Wenn ich es recht erinnere, hatte er für sich das Chinesische entdeckt, vor dem zufälligen Zusammentreffen mit der Chinesin, der er dann Briefe schrieb, auf englisch, dazwischen chinesische Schriftzeichen.

Meister Dogen (1200-1253)
Im Frühling eine Blume blüht
Im Sommer ein Kuckuck ruft;
Im Herbst ein wunderbarer Mond,
Und im Winter Schneefall und
Offensichtliche Kühle.

Wir haben uns Gedichte vorgelesen, auch die selbstgeschriebenen. Wir haben diskutiert. Das war immer wieder das Auffällige an ihm, dieses stille Zuhören, sein Schweigen, hinter dem sich nicht schläfrige Gleichgültigkeit verbarg, sondern eine stille Bewegtheit, die Arbeit der Gedanken, die sich plötzlich äußern konnte, in knappen witzigen Bemerkungen, in eigentümlichen Bildern und Vergleichen – so hast du das nie gesehen, sagte ich mir dann.

Ich habe noch fünf oder sechs Gedichte von ihm, die in einer der vielen unausgepackten Umzugskisten auf dem Dachboden liegen. Hin und wieder nehme ich mir vor, sie zu suchen, aber es bleibt bei dem Vorsatz.

Eines seiner Gedichte, die er 1962 geschrieben hat, ist in der Zeitschrift teils-teils abgedruckt, die wir damals am Kolleg herausgegeben haben.

Er hat das Gedicht nicht unter seinem Namen, sondern unter einem Kryptonym veröffentlicht, an dem sich seine Bewunderung und Kenntnis der irischen Literatur ablesen läßt:

O'Nesco Anfortas
Schnee im Schädel da ist Schnee
Der Pfad hinab ist kalt – gefroren
sind die Gesichter
Geronnene Gedanken hängen in den Ästen
Kalte Füße blutleer setzen
In vergangenen Spuren – erstarrte Blumen
Die dünne Haut
Gläserne Flächen spiegeln Wolken
Das Lid versperrt den Singsang der Tage
spannt über Mauern
graues Tuch – ein Hundston
würde dunkle Stämme zerspalten
Wo ist das Zittern lösender Schreie
die große Schmelze Wort

Ich mag dieses Gedicht auch nach gut dreißig Jahren noch. Wie es ihm gelingt, eine ganz alltägliche Situation sprachlich zu poetisieren, in ein Bild zu bringen: In vergangenen Spuren – erstarrte Blumen. Die Abdrücke von Profilsohlen, die tatsächlich wie Blumen wirken. Auch daran denke ich manchmal im Winter, wenn es geschneit hat, beim Spazierengehen.

Und dann dieses merkwürdige Bild: Ein Hundston würde dunkle Stämme zerspalten. Die dunklen Stämme, bedrohlich, erstarrt, ein Hundston. Ein nie gehörtes Wort, und auch in Grimms Wörterbuch, das ich jetzt befragt habe, ist es nicht verzeichnet. Ich habe dieses Wort immer mit den Gebäuden in Zusammenhang gebracht, in denen wir lebten und unterrichtet wurden: massiv gequaderte, kasernenhafte Bauten. In der Nazizeit als Führungsakademie für die HJ errichtet. Gewaltige Säulen am Eingang und daneben das germanische Muskelgeprotze in Stein. Die Appartements waren klein, mönchischen Zellen vergleichbar, hier sollte ja die Elite des 3. Reichs ausgebildet werden, aber es ließ sich gut wohnen darin, mit den Fenstern, die sich zu einem buschbestandenen Park öffneten. Das ist eine meiner intensiven Erinnerungen: Nachts der die Dunkelheit sprengende Gesang der Nachtigallen.

In London kaufte er sich „Finnegans Wake". Später, in Braunschweig, las er darin, mit Hilfe eines Kommentars und verschiedener Wörterbücher, so wie er auch den Ulysses auf Englisch gelesen hatte.

Er machte mich auf T.S. Eliot aufmerksam. Ich kaufte mir die Four Quartets.

Abends waren wir in einem großem Tanzschuppen, und ein Mädchen wollte ihm, der an einem Pfeiler stand und nicht tanzte (er konnte nicht tanzen), unbedingt vorgestellt werden. He looks like Hardy Krüger, sollte ich ihm ausrichten. Der war damals in England mit einem deutschen Kriegsfilm bekannt geworden.

Er stand da, nicht demonstrativ allein, aber doch fern und in sich gekehrt. In der Jackentasche A portrait of the artist as a young man.

Manchmal, wenn wir aus dem Kino oder dem Konzert kamen, haben wir unter einer breiten, niedrigen Brücke, die über die Wolfenbütteler Straße führt, laut, ja brüllend, Rimbauds Trunkenes Schiff rezitiert. Über uns das Dröhnen eines Güterzugs. Das heißt, er konnte nicht brüllen, auch wenn er es versuchte, laut zu reden, war es immer nur ein wohl temperiertes Sprechen.

Anders als mich interessierte ihn Philosophie nicht besonders. Sartre und Camus, ja, aber nicht Hegel, nicht

Kant, und Nietzsche fand er zu bombastisch. Was ihn dann aber doch Nietzsche weiterlesen ließ, war, dass er hörte, Nietzsche sei in Turin einem geprügelten Droschkengaul um den Hals gefallen und habe Ecce Homo gerufen.

Auf meinem Tisch liegt ein Heft, blau mit weißer Schrift: Akzente Zeitschrift für Dichtung Heft 1/1961.

Er hat mich für die Akzente geworben, die ich seitdem beziehe. Dieses Heft hat er mir geschenkt, und darin finde ich seine Anstreichungen. Wir hatten die Thesen eines darin veröffentlichten Berliner Symposiums gelesen und diskutiert, Thesen zur Literatur unter anderem von Grass, Heißenbüttel, Rühmkorf, Höllerer und Franz Mon. Wenn ich mich recht entsinne, fand er Mon und Heißenbüttel gut, ich Grass und Rühmkorf.

In unserer Zeitschrift teils-teils haben wir etwas über das Gefühl in der Kunst und Literatur geschrieben. Es heute wiederlesend, staune ich, was und wie er geschrieben hat. Es ist ein kleiner Essay über die fragmentarische Form, der mit Fragmenten arbeitet und mit Zitaten, die von seiner erstaunlichen Belesenheit zeugen, von Rimbaud, Valéry, Albrecht Fabri und anderen. Ein Zitat, das er lapidar mit Paragraph 2 überschrieben hat, lautet: „Gustav Landauer: Es ist etwas anderes, ob ich das Krähen nachahme oder Kikeri sage."

Damals sagte mir der Name Landauer nichts. Erst Jahre später, also nach dem 2. Juni 1967, in der antiautoritären Studentenbewegung, las ich Landauer, las von seinem Leben und Sterben, von diesem pazifistischen Anarchisten, der nach dem Ende der Münchner Räterepublik von Rechtsradikalen zu Tode geprügelt wurde, im Gefängnis, in Stadelheim. Es ist eine der Fragen, die ich Benno heute gern stellen würde, wie und wo er auf Gustav Landauers Bücher gestoßen ist.

Ich kann mich nicht entsinnen, mit ihm, dessen Name zum Symbol einer politischen Protestbewegung wurde, je ernsthaft über ein politisches Problem diskutiert zu haben. Er war, jedenfalls solange wir uns sahen, an Politik nur wenig interessiert. Und dennoch war es sein Tod, der mich in die Studentenbewegung – ich muss es so dramatisch sagen – hineinstieß. Wobei die darin gewonnenen Erfahrungen wiederum Grundlage für meinen ersten Roman, Heißer Sommer, wurden, in dem auch die Stimmung der Hauptfigur vor dem Aufbruch beschrieben wird, seine existenzialistische Haltung, der Philosophie des Absurden verpflichtet, eine indifférence, die sich dann in ein radikales politisches Engagement wandelt.

Ich habe mich nie mit ihm gestritten, ich kann auch jetzt – und das ist keine rückblickende Verklärung – nichts Irritierendes an ihm finden. Zum einen denke ich, es konnte zu keiner Verstimmung kommen, weil – das ist Voraussetzung für jede gute Beziehung – keiner dem anderen etwas aufoktroyieren wollte, weder moralisch, noch literarisch, noch von der eigenen alltäglichen Lebensweise. Aber entscheidender dafür, dass mir nichts Negatives einfallen will, ist: Er war ein lauterer Mensch: Missgunst, Vorurteile, Gehässigkeit, Herrschsucht und Neid waren ihm fremd.

In dem Akzente Heft 1/61 finde ich neben seinen eigenen Anstreichungen und Kommentaren (neben einem Gedicht von Rudolf Hartung hat er „mal Mallarmé" geschrieben) auch zwei Verlagsanzeigen unterstrichen. Rumba Macumba afrocubanische Lyrik. Ausgewählt und übertragen von Janheinz Jahn. Carl Hanser Verlag. Und: Rose aus Asche (Span-Amerikanische Lyrik seit 1900, Band 79. Piper Verlag).

Es waren eigenwillige, seitab gelegene Pfade gewesen, auf denen er sich lesend bewegte, Namen und Bücher, die ich damals zum ersten Mal hörte, auf die ich Jahre später wieder stieß und immer noch stoße – so begleitet er mich, beispielsweise nach New York, wo ich in Green Village für zwei Monate in einem Appartement der New York University wohnte, schrieb, mit einem Gefühl als schwebe ich, und in einer kurzen Pause zum Fenster ging, hinaus- und hinuntersah, auf den Sportplatz, wo, es war Mittwochnachmittag, Behinderte trainierten, darunter ein Taubstummer, ein Mann im mittleren Alter, wahrscheinlich ein Dozent, der von einer Chinesin in Karate unterrichtet wurde. Sie verständigten sich in Zeichensprache. Die Chinesin machte knappe elegante Bewegungen mit den Fingern, der Handfläche, der Faust, erklärte so die einzelnen Bewegungen des Kampfsports, die sie dann vormachte, so gingen aus winzigen Gesten kalkuliert kraftvolle Bewegungen hervor. Es war wie ein Gedicht aus Gebärden. Ich griff wahllos in den Bücherschrank, in dem Bücher standen, die hier von Vorbewohnern zurückgelassen worden waren, und zog ein Buch von Reinhard Lettau heraus: Zerstreutes Hinsehen, ich schlug es auf, blätterte und fand eine Stelle, in der Herbert Marcuse Reinhard Lettau besucht und etwas zu dessen ordentlicher Küche sagt: „So entschuldigte er (Marcuse) die militärische Ordnung in meiner Küche mit einem Vergil Zitat, dass die Dinge auch Tränen haben: ein Recht auf einen festen Platz, an welchem sie sich wohl fühlen."

Seitdem weiß ich, von wem der Satz, dass auch die Dinge Tränen haben, stammt, den ich vor mehr als dreißig Jahren von Benno Ohnesorg gehört habe.

Es gibt noch einige, allerdings nur noch wenige, solcher Sätze, Zitate und Geschichten, die mich an ihn erinnern, meist in bestimmten Situationen. Jetzt, während ich über ihn schrieb und nachdachte, kam mir wieder die von ihm erzählte Geschichte eines preußischen Adligen in den Sinn, in dessen Familie Geisteskrankheit vererbt wurde, der daraufhin seinen Militärdienst quittierte und ruhelos durch Europa wanderte, weil er glaubte, sich durch ständigen Ortswechsel vor dem Wahnsinn retten zu können – und der doch im Irrsinn endete. Wie einfach wäre es, ihn jetzt anzurufen und ihn nach dem Namen zu fragen – oder ihm das jetzt Geschriebene zu schicken, um seine Kritik, seinen Rat zu hören.

Wolfenbüttelerstraße 53

von Uwe Timm

Dieser versteinerte Größenwahn:
die Rückenmuskeln der Schwertträger
rollen aus dem Relief,
und sinnlos türmen sich die Säulen,
so wenig tragen sie,
tausendjährig,
sagt man, sei die Linde,
unter der sie eingeschworen wurden,
die Führer der Hitler-Jugend,
damals,
jetzt:
Schule des Zweiten Bildungsweges,
wie es amtlich heißt,
wo ich lebte,
zwei Jahre lang
nach bestandenen Prüfungen und Intelligenztest
(Mindest-IQ: 110),
Begabtenförderung heißt das,
oder die große Aufstiegschance,
wie der Direktor einmal sagte.

Schattig sind die Wege in Riddagshausen.
Was ist ein Symbol,
fragt Benno.
Im Ei verborgen: Wälder von Ich.

Wir streiten uns,
den Weg hinunter zur Oker,
wo die Julisonne Baumschatten in den Asphalt brennt,
der Weidengang,
(heute zerteilt von dem Reifengezwitscher
der Schnellstraße Braunschweig-Wolfenbüttel),
und oben auf dem Bahndamm,
sehr weit hinten,
eine kleine rote Rangierlok,
die sehe ich von meiner Schlafkautsch aus.
Nicht einmal den Kopf muss ich heben,
beim Tanz der kleinen Schwäne.
(*Schwanensee*: ein fürchterlicher Klops,
sagte mir später jemand.)
Das langsame Tröpfeln der Chemiestunde,
während draußen der Frühling
seine grünen Fahnen am Himmel aufzieht.

Ich und Aber-Ich:
Ich liege als Meursault im Freibad,
spalte mit den Wimpern Sonnenlicht
in Regenbogenfarben,
während von den Türklinken der Polizeiaußenstellen
Sirup tropft.
Ihr Atem tanzt auf meiner Schulter.
Liebst du mich?
Nein, sagt Meursault.
Gleichgültig war mein Lieblingswort.
Diese lärmende Einsamkeit
nachmittags in den Kaufhäusern.
Durch meine Augen sieht Meursault:
ein Mädchen probiert einen flachen Strohhut

mit giftgrüner Schleife.
Meursault geht weiter,
zögernd folge ich ihm.

Ich setze mich wieder in den Photomaton
und wünsche mir eine Nase wie Hardy Krüger.
Ich und Aber-Ich.
Geruch des späten Sommers
im abendlichen Rückstau der Wärme
vor St. Andreas mit dem Schwalbensichelflug.
Die geheimnisvollen Gesichter
in den Fenstern der Bruchstraße,
das sich aufwerfende Fleisch,
die schonungslos verrenkten Glieder.
Komm mal rein, Kleiner.
Meursault sagt: Warum nicht,
aber ich gehe weiter,
lächelnd.

Erinnerung:
das ist auch Geruch.
Sortilege zum Beispiel,
und als mir ein Ohr wuchs,
wundersam und erstmals,
Johann Sebastian Bach,
und Augen:
die verwunderte Seide.
Weiß standen die Margeriten.

Tage:
in denen ich stumm
durch den Bürgerpark laufe,

gefroren der See,
und möchte doch singen.

Ich und Aber-Ich:
schrieb Gedichte,
löste E-Funktionen,
las die Stilkunde von Reiners
und lernte durch geschickte Überfälle
Frauen auf der Straße kennen,
spielte Theater:
Der Hirt und sein Chamäleon,
wurde Ich und nicht mehr Ich
und verließ nach dem zweiten Jahr
dieses Zimmer,
davor die kleine rote Rangierlok
auf der Okerbrücke,
sehr weit hinten,
fast am Horizont.

Meine erste Liebe: Eintracht

VON AXEL HACKE

Als ich elf Jahre alt war, spielten wir Fußball mit allem, was sich mit Füßen treten ließ. An der Bushaltestelle kickten wir mit Quitten aus den Sträuchern neben dem Wartehäuschen. Auf dem Pausenhof kickten wir mit flach gedrückten Kakaotüten. Auf dem Heimweg kickten wir mit zusammengeknülltem Butterbrotpapier. Einer bekam die Stulle immer in Tupperware verpackt. Mit der Tupperware kickten wir auch. Nachmittags im Park kickten wir sogar mit einem Ball. Zum Kicken war uns alles recht.

Wenn wir kickten, nannten wir uns Kaack oder Maas oder Bäse, auch Dulz oder Ulsaß, so wie die Spieler der Braunschweiger Eintracht hießen, die Deutscher Meister wurde, als ich elf war, 1967 – und dann nie wieder. Irgendwie klingt meine ganze Kindheit nach diesen Namen, nach Wolter auch und Jäcker, nach Moll, Meyer, Schmidt, Matz, Grzyb, Gerwien, lauter kurze, ein- oder zweisilbige Namen, bis auf Saborowski, den einen der beiden Innenstürmer, er kam aus Kiel. Eine ein- bis zweisilbige Kindheit in der deutschen Provinz, nahe der Zonengrenze. Diese Mannschaft. Niemand hatte vor der Saison mit ihr gerechnet, die Favoriten hießen Dortmund, der Europacup-Sieger, und 1860 München, der Meister von 1966, auch Köln, Bayern und Gladbach. Aber Bayern verlor in Braunschweig 2:5, Sepp

Maier verbrannte hinterher seinen Pullover vor Wut. Trotzdem schrieben Zeitungen am Saisonende vom „schwächsten Deutschen Meister, den es je gab". Das war uns egal, wir lasen es nicht.

Wir lasen nur, dass es eine Elf ohne Stars war, dass eine große Kameradschaft unter den Spielern herrschte, dass noch nie eine Meistermannschaft weniger Tore (27) kassiert und auch noch nie eine weniger (49) geschossen hatte. Nie wurde jemand des Feldes verwiesen, und Helmut Johannsen war sieben Jahre Trainer, ein Muster an Beständigkeit.

In der Saison darauf warf die Eintracht Rapid Wien aus dem Europapokal und besiegte Juventus Turin im Hinspiel 3:2, bei drei Toren von Kaack, leider zwei davon Eigentore, ausgerechnet Kaack, der Zuverlässigste. Juve wurde sogar in ein Entscheidungsspiel in Bern gezwungen, dann war Schluss. Aber Tuttosport schrieb von den „entfesselten Furien aus Braunschweig". Ich lese es heute voller Rührung, denn was ist einem Braunschweiger fremder als das Furiose und das entfesselt sein?

Gott, was haben wir sie bewundert. Mein Onkel war Ordner bei den Heimspielen, er trug dann eine blaugelbe Kappe, und nach dem Spiel mussten meine Tante und ich auf ihn warten, weil er noch mit den anderen Ordnern an der Kasse stand und seinen Lohn abholte. Ich dachte: Wenn ich es einmal so weit bringe im Leben, dass ich Geld bekomme für etwas, das ich doch sowieso tun würde ...

Als ich zum Gymnasium sollte, wollte ich an die Gauß-Schule, weil dort Hennes Jäcker Studienrat war, der zweite Torwart; alle Spieler hatten damals noch einen Beruf und übten ihn auch aus. Aber meine Eltern schickten mich zum Wilhelm-Gymnasium. Dort war Hannes Vogel mein Sportlehrer, der die Mannschaft als Trainer in die Bundesliga gebracht hatte. Das war auch schön.

1968 starb Moll – der blonde, gut aussehende Moll – bei einem Autounfall, auch seine Frau kam zu Tode, und die beiden kleinen Töchter sahen ihre Eltern nie wieder. Die halbe Stadt weinte, die „Braunschweiger Zeitung" erschien mit einem Extrablatt, die Weltmeisterelf von 1954 reist zu einem Benefizspiel an. Wir machten in unseren Fußballbilder-Alben ein Kreuz neben seinem Foto, und eine glückliche Zeit war zu Ende, auch für uns.

Es kam die Zeit, in der die Eintracht in den Bundesligaskandal verwickelt war. Es kam die Zeit, in der Herr Mast von der Firma Jägermeister von hier aus die Fußballwelt veränderte, weil er aus Eintracht Braunschweig die erste Mannschaft mit Trikotwerbung machte. Es kam die Zeit, in der Paul Breitner für Eintracht Braunschweig spielte, nicht lange, er hielt es nicht aus, dass jeden Sonntag die Leute in Massen ihre Spaziergänge an seinem Haus vorbei machten. Dreimal stieg die Eintracht aus der Bundesliga ab, leider nur zweimal wieder auf.

Heute spielt sie in der Regionalliga Nord. Ich weiß nichts mehr über sie und wohne schon lange woanders. Aber nie wieder war Fußball etwas so Großes für mich, nie wieder rührte er so an mein Herz. Wir waren elfjährige Jungs, wir kickten als Vorbereitung auf die Rangeleien des Erwachsenenlebens, wir kickten die Spannungen und die Angst aus uns heraus, die das Leben uns schon verursachte. Und zufällig gab es genau zu dieser Zeit in unserer abgelegenen, unbedeutenden Stadt eine große Fußballmannschaft und danach nicht mehr.

Eine harmlose Lesung in Braunschweig

VON RAFIK SCHAMI

Diese Geschichte sollte eine von zwölf Geschichten über die wundersamen Erlebnisse eines Fremden in deutschen Städten werden. Das Manuskript trug den Arbeitstitel „Als Nomade in Deutschland", doch er gefiel mir nicht so recht, weil er nach soziologischer Feldforschung klang. Für einen guten endgültigen Titel blieb mir noch Zeit, nicht aber für den Text über meine Erlebnisse in der Stadt Braunschweig.

Der Verlag bat um Eile. Die anderen elf Geschichten waren bereits im Computer gespeichert. Ich hatte genug über Braunschweig recherchiert, wollte aber erst dann anfangen zu schreiben, nachdem ich Anfang Juni 1994 diese eine Lesung in der Stadt gehalten hatte. Ich plante eine Art poetischen Vergleich zwischen meiner kindlichen Vorstellung und meinem persönlichen Eindruck von Braunschweig. Ich hatte nämlich bereits als Kind meine feste Vorstellung von Braunschweig.

Aber es kam anders.

Die Frage, die mancher Freund erstaunt stellte, war für mich keine: Warum Braunschweig?

Warum nicht?

Niemand fragte, warum ich auch eine Geschichte über Hamburg, Heidelberg, Frankfurt oder Berlin schreibe. Aber Tübingen? Braunschweig?

Ja, Tübingen und vor allem Braunschweig.

Nicht nur weil ich als Naturwissenschaftler Gauß achte und als Diktaturgegner Minna Faßhauer bewundere. Und auch nicht nur weil ich hier gute Bekannte und Freunde habe.

Nein, meine Beziehung zu Braunschweig begann viel früher...

Als ich etwa sieben Jahre alt war, hörte mein Vater auf Violine zu spielen, nachdem er vergeblich versucht hatte, die Geheimnisse der Töne, der Melodie und des Rhythmus zu entschlüsseln. Auch war er als Bäcker viel zu müde, um mit schwieligen Fingern noch sauber Violine zu spielen. Er liebte aber sein Instrument, das er von einem Deutschen gekauft hatte, der in den dreißiger Jahren im Orient geläutert wurde und dort in ein Kloster ging. Seine Pistole kaufte ein Nachbar. Mein Vater, der nur über rudimentäre Kenntnisse über Musik verfügte, liebte die Violine wegen ihrer Form und ihres schönen Holzes.

Er bemühte sich geduldig fünf Jahre lang bei einem in Damaskus ansässigen österreichischen Misanthropen. Ich meinerseits hielt es später beim selben Lehrer nicht einmal ein Jahr aus. Eine Ohrfeige traf mich am Ohr und wir trennten uns für immer.

Mein Vater kehrte zu seiner alten Leidenschaft, dem Bücherlesen, zurück, hoffte aber insgeheim, einer von uns würde eines Tages aus der Violine solche Melodien hervorzaubern, wie die, denen er nachts im Radio, in der Klassikstunde irgendeines fernen Senders, lauschte. Erst als wir alle ihn enttäuschten, schenkte er die Violine einem fernen Cousin, der in Paris Musik studierte.

Verkaufen wollte er das seltene Stück nie.

Mein Vater wusste, Carl Rautmann ist in Braunschweig ansässig, und er wiederholte: „Die Braunschweiger können gute Geigen bauen. Das muss man ihnen lassen."

Und ich stellte mir in meiner kindlichen Fantasie die Braunschweiger in langen Gassen sitzend vor und wie sie Tag und Nacht damit beschäftigt waren, Violinen herzustellen.

Mein Friseur schwärmte von der Solinger Schere und er wiederholte das Wort „Rostfrei" als wäre es die Marke. Die Solinger und die Scheren, das gehört zusammen Und so saßen die Solinger in meiner Fantasie Schulter an Schulter und schliffen Scheren.

Unser Nachbar, dessen Schwester in Hamburg lebte, bewunderte dagegen die deutsche Post. Er habe jahrelang Briefe an seine Schwester falsch adressiert und sie seien trotzdem angekommen. In Damaskus kommen sogar die richtig adressierten Briefe nicht an. In meiner Fantasie standen die Hamburger vor ihren Haustüren und berieten sich engagiert und Pfeife rauchend mit dem Postboten, wem die falsch adressierten Briefe gehören könnten, und nach jeder richtig erratenen Adresse tranken sie ein Bier zusammen. Das mit dem Bier wusste ich von einem anderen Nachbar, der als Laufbursche in der deutschen Botschaft arbeitete. „Die Deutschen erfinden Anlässe um Bier zu trinken", sagte er, machte immer eine lange bedeutende Pause und rief dann: „Fassweise!"

All diese Erinnerungen hatte ich bereits geschrieben, und nun wollte ich nach meiner Lesung meine Erlebnisse mit dieser Erinnerung vergleichen. Der Titel sollte in etwa heißen „Vaters Violine, Braunschweig und ich".

Für mich stand es fest, die dritte Geschichte von zwölfen gehört Braunschweig, und als ich entdeckte, dass die Stadt im Mittelalter neben Paris und Gent eine der drei rebellischsten europäischen Städte war, beschloss ich, nur eine Antwort auf die Frage zu geben, warum Braunschweig: Geschichte lesen oder Violine spielen.

Doch aus dem Buch wurde nichts.

Nach meiner Lesung in Braunschweig, von der ich noch berichten werde, fuhr ich nach Hannover, Hamburg, dann Bremen, Osnabrück und Marburg. Dort endete meine Tournee im Jahr 1994 nach 120 Lesungen.

Meinen Plan aber schmiss ich – eine Nacht nach der Lesung in Braunschweig – um. Ich wollte nicht mehr über Violinen, sondern über eine wundersame Begegnung mit dem Teufel schreiben und von der einmaligen Erfahrung, was Liebe bewirken kann, berichten.

Bereits in Hamburg war die Skizze fertig. In Bremen schrieb ich den ersten Entwurf und in Osnabrück schliff ich das Ganze noch einmal und trug die saubere Endfassung in ein großes Ringheft ein. Damals schrieb ich unterwegs mit der Hand. Es waren vier dicht beschriebene Seiten, die ich sofort in den Computer geben wollte, sobald ich daheim wäre.

Aber in Marburg wartete eine Hiobsbotschaft auf mich. Durch einen Wasserrohrbruch war mein Computer völlig zerstört.

Ich bemühte mich im ausverkauften Theater eine anständige Lesung zu halten. Das habe ich früh gelernt, dass das Publikum ein Recht auf eine wunderbare Lesung hat, schlecht gelaunte Autoren sind fehl am Platz, da das Publikum weder ihre Ehefrau noch ihr Therapeut ist.

Literatur ohne Leser oder Zuhörer existiert nicht. In meinem Fall wiegt die Verpflichtung noch schwerer. Mein Publikum hat mich jahrzehntelang mit unendlicher Treue gegen die Ignoranz der Medien geschützt und mir damit ermöglicht, dass ich weiter schreiben konnte.

Alle Computer der Welt sind es nicht wert, schlechte Laune zu haben, sagte ich mir und stieg auf die Bühne. Der Beifall des Publikums vertrieb den letzten Hauch Traurigkeit aus meinem Herzen.

Zuhause war die Wirklichkeit bitterer, als man mir am Telefon hatte beschreiben können. Alle Wände, Bücherregale, Bücher der untersten Fächer (die edelsten Foto- und Kunstbände) meiner Bibliothek, die Stereoanlage, mein Computer und alle Sicherheitsdisketten waren zerstört oder in Mitleidenschaft gezogen.

Nichts konnte ein Experte damals retten. Ich teilte dem Verleger mit, dass das Buchprojekt durch das Wasser vernichtet worden sei. Ich begann mein Zimmer zu renovieren. Gott sei Dank war es Sommer und bald strahlte das Ganze in der Farbe des Vergessens: Weiß.

Der Verleger tröstete mich, ich würde bald alles aus dem Gedächtnis reproduzieren, aber ich konnte keine einzige Geschichte wieder aufschreiben.

In meinem Ringheft ruhte aber einsam die Braunschweiger Geschichte, von Sommer 1994 bis heute.

Und merkwürdig, als ich sie vor einem Monat erneut in die Hand nahm und las, ergriff mich so etwas wie eine Vision. Waren der Wasserrohrbruch und die Zerstörung des Computers eine weitere böse Rache des Iblisos Braun?

Hat er mich nicht am Ende bedroht? Habe ich das

nicht unmittelbar danach im Wortlaut aufgeschrieben?

Ich las die Drohung wieder und wieder. Mir stockte der Atem, aber eine sichere Antwort fand ich nicht.

Hier ist nun die gerettete Geschichte aus dem Ringbuch…

Die Fahrt nach Braunschweig war problemlos. Die Züge hatten keine Verspätung. Ich hatte noch fünf Stunden Zeit bis zur Lesung. Schnell verstaute ich meine Kleider im Schrank, warf einen Blick aus dem Fenster auf den bronzenen Löwen auf dem Burgplatz und ging pfeifend die Treppe hinunter.

„Herr Schami! Eine Nachricht für Sie", rief der Mann an der Rezeption und lächelte routiniert und leer.

„Bitte ruf mich an! Iblisos Braun", stand auf dem kleinen Zettel, daneben eine Telefonnummer.

Warum ich das tat, was ich in den nächsten Stunden getan habe, ist mir bis heute ein Rätsel.

Ich rief an. Ein Höllenlärm und dann eine Stimme, die mich erfrieren ließ. Sie hörte sich an wie das Kratzen eines Messers auf einer Glasscheibe: „Sehr nett, dass du anrufst. Könntest du mir bitte helfen? Ich werde dich reichlich belohnen."

„Wenn ich kann, gerne", sagte ich aus Höflichkeit.

„Komm schnell, bitte!"

Ich verstand nichts. Wer war das? „Wo sollen wir uns treffen?"

„Im Lokal Zu den vier Leichen, *beim Elvis", sagte er. Als ich entsetzt „Wo, bitte?" in den Hörer rief, lachte er,* Zu den vier Linden, *antwortete er gekünstelt vornehm. Ihm genüge eine halbe Stunde, um mir seine Bitte vorzutragen.*

„Aber nicht mit dem Lindenhof *in der Kasernenstraße verwechseln", fügte er hinzu, „dort tafelt zur Stunde der niedersächsische Ministerpräsident mit seinen Künstlern und Professoren,*

und bei jeder Lachsalve kriege ich Zahnschmerzen."

Das Lokal befindet sich in der Wiesenstraße, im östlichen Ringgebiet, ein schöner Stadtteil, Gründerzeit und Jugendstil.

Es war voll und erinnerte mich an manche Intellektuellenkneipe in Süddeutschland. Hinten in einer dunklen Ecke winkte ein hässliches Männlein. Es grinste mich süffisant an. Die Ecke roch nach Schwefel und faulen Eiern.

"Ich höre", sagte ich und bestellte Wasser. Ich trinke nie Alkohol vor Lesungen, weil ich mein Gedächtnis zu 100 und nicht zu 99 Prozent beanspruche.

Weder der mitleidige Blick christlicher Erziehung noch Kurzsichtigkeit konnte seine Hässlichkeit mildern. Es stimmte gar nichts an ihm. Gerne würde ich ihn beschreiben, würde eine detailgetreue Beschreibung nicht wie eine schlechte Karikatur wirken. Nur seine Augen waren nicht zum Lachen: Sie waren klein, kalt und böse.

Er erzählte mir eine tragische und reichlich wirre Geschichte. Er sei die Frucht einer verbotenen Liebe zwischen einem Teufel niedrigen Ranges, einem Laufburschen der Hölle, und einer schönen Prostituierten aus der Bruchstraße.

Sein Vater gab ihm den Vornamen Iblisos, seine Mutter ihren Familiennamen Braun.

Er pendelte als junger Teufel zwischen Hölle und Erden bis er eine Todsünde beging. Er verführte die schone Serenada, Ehefrau des mächtigsten aber vergreisten Satans. Er wurde dafür nach Braunschweig exiliert und zum ewigen Leben als Teufel in der Hülle eines Menschen verdammt. Er sei gerade 364 Jahre alt geworden. Seine menschliche Hälfte könne erst sterben, wenn er seine Geliebte anfasse.

Er durfte Braunschweig nun nicht mehr verlassen, doch er wollte unbedingt nach Rom, denn dort wird Serenada in der leeren Gruft eines ermordeten Papstes festgehalten. Erst in ihren

Armen wird sich seine teuflische Hälfte von ihrer schäbigen Menschenhülle befreien und mit der Geliebten ewig vereint bleiben. Verzweifelt hat er versucht, die Wache zu überlisten, doch immer wieder wurde er von den Grenzwächtern der Unterwelt verhaftet und gequält. Nun erfuhr er durch Zufall, dass die unsichtbare Kontrolle der Geister in Braunschweig eine Schwäche für Stimmen aus dem Orient hat. Ein Mitgefangener sei durch die geliehene Stimme eines persischen Teppichhändlers entkommen.

Iblisos habe mehrere Radiosendungen mit meiner Stimme gehört und sei nun überzeugt, genau sie könne ihn retten. Die Kontrolldämonen bekamen von ihrem Höllenmeister Satan ein teuflisches Gehör. Sie erkennen alle Verurteilten an ihrer krächzenden Stimme.

Ich sollte keine Angst haben. Wie der Teppichhändler würde ich lediglich drei Tage stumm bleiben, und dann wäre er in Rom. Danach würde er zu mir kommen, meine Stimme zurückbringen und mir mein Gewicht in Gold schenken. „Gesegnetes Gold aus dem Vatikanschatz", schloss er und grinste. Er schlürfte laut seinen Speichel, der ihm bereits aus dem Mundwinkel floss. Dabei entblößte er Zähne, die man besser nicht beschreiben sollte.

Alles klang etwas überladen und übertrieben wie die Geschichten eines Anfängers. Ich hätte lachen können oder einfach aufstehen, mich höflich verabschieden und gehen, doch er begann – als könnte er Gedanken lesen – bitterlich über die Schönheit seiner Geliebten zu weinen, so dass meine Hand gegen meinen Willen seinen Arm streichelte. Und ich tröstete ihn, aber er weinte und wollte nicht aufhören.

Doch so sehr ich Mitleid fühlte, ich konnte ihm nicht helfen.

„Warum ich?", fragte ich, worauf er böse mit dem Zeigefinger auf einen Mann zeigte, und der Rentner, der eben noch mit seiner Frau in ein Gespräch vertieft war, begann einen frivolen Bauchtanz aufzuführen.

Iblisos Braun zeigte nun auf einen anderen vornehmen Mann, und dieser stand auf und begann seinen Kopf gegen die Wand zu schlagen und zu schreien: "NPD, DVU und Republikaner zu unterscheiden, hieße Scheiße nach Geschmack zu sortieren. Und das Bier zahlt die Brauerei. Verstehst du? Die Brauerei!"

"Ist schon gut, Hinrich", sagte Elvis, der Wirt, und klopfte dem Mann auf die Schulter.

Das Männlein schien über einige Zauberkünste und über Macht zu verfügen. Aber er gab maßlos an. Er habe damals den Dom gerettet und die Bomberpiloten blind gemacht.

"Und warum rettet ein Teufelsmischling einen christlichen Dom?"

"Da sieht man es. Du bist nicht genug informiert. Der Dom war damals unter Hitler keiner mehr. Er wurde von den Nazis zur "nationalen Weihestätte" umfunktioniert. Alles Christliche wurde entfernt.

Da die Nazis mir massenweise ihre Seelen schenkten, versprach ich ihnen, diesen Bau und das Grab ihres geliebten Heinrich zu schützen. Ich legte meinen Mantel darauf. Braunschweig wurde zu 90 Prozent zerstört, aber der Dom blieb unversehrt. Lediglich das Gewölbe der nördlichen Vorhalle wurde einmal getroffen, als der starke Wind meinen Mantel für einen Augenblick lüpfte.

Ich warf einen Blick auf die Uhr: "Ich muss leider gehen."
"Und deine Stimme?"
"Die brauche ich noch ein paar Jahre."

Er packte mich blitzschnell am Kragen: "Nur deine Stimme kann mich retten. Ich hätte dich getötet, aber die Liebe deiner Mutter hat dich ummantelt. Ich kann dir aber das Leben in Braunschweig so zur Hölle machen, dass du den Tag verfluchst, an dem du die Stadt betreten hast."

Das mit dem Liebesmantel meiner Mutter hätte mir gefallen, wäre es nicht aus seinem Munde gekommen.

"Lass los", fauchte ich ihn an. Ich konnte seinen Mundgeruch kaum noch ertragen. Er lockerte seine Finger langsam. "Solltest du bis heute Abend deine Meinung nicht geändert haben...", zischte er. Ich hörte nicht mehr zu.

Draußen herrschten sommerliche Temperaturen. Die Lesung war im Botanischen Garten unter der malerischen Süntelbuche angesetzt. Vierhundert Leute saßen erwartungsvoll auf ihren Plätzen. Ich begann zu erzählen, und das Publikum reagierte sensibel und bald vergaß ich das Geschehen am Nachmittag und wanderte mit meinen Figuren in den Gassen der Altstadt von Damaskus umher.

Ich sprach gerade den Satz: "Und der Himmel in Damaskus war damals beinahe so blau wie hier über Braunschweig", als das Männlein in der letzten Reihe erschien. Einige lachten. Iblisos Braun wurde rot und zeigte mit der rechten Hand steif gen Himmel. Seine Lippen bebten. Plötzlich wehte eine starke Böe. Dunkle Wolken nahmen über uns Platz.

Zwei Minuten später begann es zu regnen. Und nun erlebte ich die Überraschung meines Lebens. Die Braunschweiger blieben sitzen. Sie ignorierten den Regen und lachten wie fröhliche Kinder. Einige, die aus reiner Gewohnheit ihre Schirme mitgebracht hatten, machten sie auf. Aber alle, ob beschirmt oder nicht, spendeten mir tosenden Beifall, um zu sagen, dass sie weiter zuhören wollten.

Ich erzählte fast zu Tränen gerührt so gut wie noch nie. Ich, dessen Heimat ihn ausgespuckt hat, finde hier, im angeblich kalten Norden, eine solche Liebe. Und diese Liebe war es, die bald einen unsichtbaren aber mächtigen Schirm aufbaute, mit dem sie die Wolken zur Seite schob.

Die Sonne färbte wieder den Horizont und der Himmel klarte auf. Ich zeigte dem Männlein unauffällig meinen Stinkefinger.

Er stand entkräftet und wie verschrumpelt abseits.

„Aber noch bevor du dein Haus betrittst, wird dich meine Strafe ereilen. Verbündete habe ich überall...", fauchte er mich von der Seite an, Schwefel und faule Eier stanken aus seinem Mund, während ich ein Buch signierte.

„Braun, schweig!!!", erwiderte ich mit nassen Haaren und hüpfendem Herzen.

Nachgespürt

VON KARIN TANTOW-JUNG

„Ich hatte nämlich schon als Kind meine feste Vorstellung von Braunschweig". Dieser Satz Rafik Schamis aus seiner Geschichte über eine gar nicht so harmlose Lesung in Braunschweig ließ mich beim ersten Lesen verwundert stutzen: Wie konnte es sein, dass ein kleiner Junge aus einem syrischen Dorf bei Damaskus mir gegenüber einen derartigen Wissensvorsprung hatte, die ich doch nur etwa 500 km von Braunschweig entfernt in der saarländischen Provinz aufgewachsen bin? Und überhaupt: Die Braunschweiger seien gute Geigenbauer, wollte er wissen. Geigenbauer? Klaviere, ja, sicher, aber Geigen? Ob Schami sich da nicht geirrt hat, er falschen Informationen aufgesessen ist? Als meine Recherche ergab, dass in Braunschweig tatsächlich schon 1844 die erste und damit älteste Geigenbauerwerkstatt Deutschlands gegründet wurde und zu legendärem Ruhm gelangte, wuchsen Selbstzweifel. Vielleicht, dachte ich, zeigt sich in meinem kulturgeschichtlich lückenhaften Wissen nur die offenbar typische Ignoranz meiner saarländischen Landsleute gegenüber fast allem, was irgendwo im Norden, „im Reich" der Hochdeutschen und im Fall Braunschweigs noch dazu im ehemaligen Zonenrandgebiet liegt. Und ich begann meine Erinnerung danach zu erforschen, welches Wissen ich von der Stadt Braunschweig hatte, bevor ich vor etwa 18 Jahren hier ansässig wurde.

Selbst so alt wie mein Heimatland war ich also gerade zehn Jahre, als die Braunschweiger Eintracht 1967 deutscher Fußballmeister wurde und da ich aus einer fußballbegeisterten Familie komme, war mir der Name fortan ein Begriff. Und auch, dass dieses Braunschweig sehr weit entfernt liegt, vom Saarland aus gesehen fast am anderen Ende einer Diagonalen durch Deutschland. Unser VW-Käfer kam aus der Nähe dieser Stadt und der Begriff „Heinrich der Löwe" fiel ebenfalls, wahrscheinlich aber eher im Geschichtsunterricht.

Später, während des Germanistik- und Kunstgeschichtsstudiums an der Universität in Saarbrücken konnten dann einige geistesgeschichtliche Wissenslücken geschlossen werden: In einem Seminar zum bürgerlichen Realismus gehörte „Pfisters Mühle" von Wilhelm Raabe zum Lektürestoff und gemeinsam mit einem Studienfreund schrieb ich ein Referat zu diesem „ersten Ökoroman", wie wir ihn titulierten. Ich erinnere mich noch, wie schwer es uns zunächst fiel, in diesen bedächtigen Rhythmus von Raabes Sprache hinein zu kommen, seiner Lust an der Abschweifung und der besonderen, geradezu feierlichen Atmosphäre nachzuspüren.

In die gleiche Zeit fällt meine Bekanntschaft mit Ricarda Huch, mit ihrer Brieferzählung „Der letzte Sommer" und der Kriminalgeschichte „Der Fall Deruga", beides durch die aufgebaute psychologische Spannung zügigere und dennoch genussvoll erlebte Lektüre. Ich nahm auch zur Kenntnis, dass Lessing seinen „Nathan" hier schrieb, die „Emilia Galotti" sowie Goethes „Faust" in Braunschweig uraufgeführt wurden. Die kunstgeschichtliche Spurensuche führte mich zum Braunschweiger Dom St. Blasii – vom berühmt-berüchtigten Welfen-Herzog Heinrich der Löwe 1173 gestiftet – und natürlich zum Löwendenkmal auf dem

Burgplatz, der ersten Freiplastik nördlich der Alpen aus der gleichen Zeit. Nicht zu vergessen die große Niederländer Sammlung im Herzog Anton Ulrich-Museum, u.a. mit Rembrandts bekanntem „Familienbild". Doch damit endet in meiner Rückschau auch schon die Liste meiner ursprünglichen ‚Brunsvigensien'.

Ist das nicht ein bisschen wenig, fragte ich mich, und sehr auf die Vergangenheit konzentriert? Doch auch in aktuellen Publikationen für Interessierte außerhalb der Löwenstadt wird – beispielsweise in *Merian extra* von 2006 – die kulturelle Tradition Braunschweigs auf die „bis heute weltbekannten Namen ... des Geisteslebens", nämlich Lessing, Gauß, Gerstäcker, Raabe und Huch reduziert.

Wenn man als nicht gebürtige Braunschweigerin in dieser Stadt Fuß fasst, stellt man rasch fest, dass diese Klassiker des Braunschweiger Kultur- und Geisteslebens nicht nur im Stadtbild durch Denkmäler präsent, sondern auch fest im Bewusstsein der Bevölkerung verankert sind, ihr Erbe auf vielerlei Weise gepflegt wird. Was natürlich nicht heißt, dass die Literatur-Interessierten sich in Braunschweig auf diese literarischen Traditionsinseln zurückgezogen hätten. Immerhin verleiht die Stadt Braunschweig seit mehr als sechzig Jahren einen der renommiertesten Literaturpreise Deutschlands, den Wilhelm-Raabe-Preis, seit 2000 den erneuerten Raabe-Preis gemeinsam mit dem DeutschlandRadio. Mit Hesse, Huch und Köpf sind drei der Preisträger in diesem Buch versammelt.

Dass es darüberhinaus auch in der zweiten Hälfte des zwanzigsten Jahrhunderts bis heute immer wieder Schriftsteller gibt, die neue Facetten eines alten Porträts von Braunschweig malen oder auch modernere Stadtansichten literarisch erhalten wollen, wissen von den belesenen Menschen hier und schon gar außerhalb des Braunschweiger Landes deutlich weniger.

Als ich im Kreis der mit dem sprichwörtlichen Okerwasser getauften Freunde zum erstenmal von der Idee sprach, eine Anthologie mit Braunschweig-Geschichten zusammen stellen zu wollen, galt es vor allem die Behauptung zu entkräften, dass eine solche Sammlung doch ‚nichts Neues' sei. Und wirklich hat es in den vergangenen Jahren hin und wieder eine Neuauflage der Braunschweiger Klassiker gegeben, so zuletzt in der Edition der Braunschweiger Zeitung. Das Besondere am „Braunschweiger Lesebuch" sollte meiner Vorstellung nach jedoch sein, dass es – bis auf Hermann Hesse und Ricarda Huch – auf die großen alten Namen verzichtet, sie bestenfalls in einigen Texten ihrer literarischen Nachfahren aufleben läßt.

Beispielsweise Gotthold Ephraim Lessing, der von 1770 bis zu seinem Tod 1781 in Wolfenbüttel als Bibliothekar lebte. Verstorben während eines Besuchs in Braunschweig, wo er eine Wohnung am Ägidienmarkt angemietet hatte, ist er auf dem Magnifriedhof begraben. Der erste Text des Lesebuchs, „Denkmäler" von Georg Oswald Cott, handelt von den Widrigkeiten und Unwägbarkeiten, die sich oft denjenigen in den Weg stellen, die – wie hier zur Verehrung Lessings – ein Denkmal errichten wollen. Dabei ist es vor allem Cotts ironisierend-sachliche Sprache, die die besondere Skurrilität der Geschichte offenbart.

Zwei Beiträge erinnern an Wilhelm Raabe. Der Schriftsteller wurde 1831 in Eschershausen im Braunschweiger Land geboren, verbrachte seine Gymnasialzeit in Wolfenbüttel und kam 1870 nach Jahren in Berlin und Stuttgart als bekannter Schriftsteller des sogenannten ‚poetischen Realismus' nach Braunschweig. In dem

Haus am Leonhard-Platz lebte er die letzten zehn Lebensjahre. Dort besuchte den damals schon ‚greisen' Dichter 1909 der deutlich jüngere Schriftstellerkollege Hermann Hesse. Damals bereits selbst kein Unbekannter mehr, empfand Hesse liebevolle Verehrung für den im doppelten Wortsinn ‚großen Dichter'. Dennoch nicht unkritisch verweist er auf die zunächst ‚sperrige' Lektüre Raabes, die sich einer großen Leserschaft wohl immer verschließen wird. Und geradezu rührend sorgt sich Hermann Hesse um den Nachruhm Raabes und eine Einordnung in die Literaturgeschichte, die Raabes Schreiben gerecht werden könnte. Hesse, dem 1950 der Wilhelm-Raabe-Preis für sein Gesamtwerk verliehen wurde, schrieb „Besuch bei einem Dichter" erst 1933.

Knapp sechzig Jahre später erschien der Roman „Eulensehen" von Gerhard Köpf, für den der Autor 1990 mit dem letzten Wilhelm-Raabe-Preis nach den alten Vergaberichtlinien ausgezeichnet wurde. Im zwanzigsten Kapitel des Romans, das eigentlich den Titel „Im Zeichen Skorpion" trägt, hat sich Köpf in seiner Geschichte vom „Geheimnis der Roten Schanze" intensiv mit Raabes Literatur auseinandergesetzt, nämlich dem „Stopfkuchen. Eine See- und Mordgeschichte" von 1890. Raabe selbst hielt diesen Roman für eines seiner besten, aber unterschätzten Bücher. Bei der Preisverleihung rechtfertigte Köpf in seiner Dankesrede „Vom Lob der Nacherzählung" sein Verfahren der „Produktiven Rezeption": Da ohne Literatur dem „Erzähler das Leben, die Realität garnicht denkbar" sei, gäbe es auch keine „fremde Literatur", meint Köpf. Und tatsächlich scheint es, als habe er sich vollkommen in die Geschichte von Störzer, der Quakatzenburg, von Eduard, Stopfkuchen und Valentine hineingelebt. Mit seiner ‚Nacherzählung' hat er eine überzeugende Variation der Binnengeschichte des „Stopfkuchen" geschrieben, die gleichzeitig Lust auf das (Wieder-) Lesen des Originals macht.

Eine ‚literarische Denkmalpflege' ganz anderer Art betreibt Daniel Kehlmann mit seinem Roman „Die Vermessung der Welt" von 2005, der als Bestseller inzwischen Weltruhm erlangt hat. In einer Mischung aus Fiktion und akribisch recherchierten Fakten beschreibt Kehlmann darin den Lebensweg der beiden großen Naturwissenschaftler des frühen neunzehnten Jahrhunderts, Alexander von Humboldt und Carl Friedrich Gauß. Das Kapitel „Der Lehrer" zeigt uns den etwa achtjährigen Gauß im Braunschweig Mitte der achtziger Jahre des 18. Jahrhunderts, zu einem Zeitpunkt, als dessen Genialität gerade von einem ansonsten eher miserablen Lehrer erkannt wurde. Kehlmann läßt uns den großen Mathematiker und Astronom als ein im Wortsinn rotznäsiges Kind sehen, dessen hervorstechendste Eigenschaft seine ständige Traurigkeit ist. Sein frühes Wissen um die Vergänglichkeit des Lebens und die Entwicklung der Welt macht ihn trauern und nimmt ihm die unbekümmerte Kindheit. Ein Schicksal, das er, wie wir heute wissen, mit den meisten Genies teilt und das unsere Bewunderung in Mitleid mit dem Kind Gauß verwandelt.

Ganz anders stellte sich knapp hundert Jahre später die Kindheit von Ricarda Huch dar: „Um Kinder herum ist Paradies und Märchen, und darum war mir Braunschweig, wo ich geboren und aufgewachsen bin, eine Märchenstadt", schreibt sie unter der Überschrift „Braunschweig" in dem Erzählband „Braunschweig in meiner Kinderzeit". Diese zusammengefassten Kindheitserinnerungen sind Huchs Dankeschön an die Stadt Braunschweig, die ihr, einer erklärten Regimegegnerin, gegen Ende des Zweiten Weltkriegs an der kulturpolitischen Ideologie der Nationalsozialisten vorbei, 1944 den ersten „Wilhelm-Raabe-Preis der Stadt Braunschweig" verlieh. Ein wenig merkt man der Geschichte den geschuldeten Dank in der peniblen Auflistung möglichst vieler erinnerter Details an, die die Tochter aus einem ebenso angesehenen wie wohlhabenden Bürgerhaus notiert hat. Das Ergebnis läßt für mich das städtische Leben in Braunschweig im letzten Viertel des 19. Jahrhunderts ähnlich konturiert erstehen, als sähe ich etwas vergilbte Fotografien. Und wenngleich die erinnerte Zeit ein wenig früher und das gesellschaftliche Milieu ein anderes ist, denke ich doch an die Filmchronik aus dem Hunsrück, „Heimat" von Edgar Reitz.

Schon Ricarda Huch streift in ihren Erinnerungen die verheerenden Folgen der Zeit des Nationalsozialismus, auch und gerade für die Welfenstadt. Die tiefen Narben – nicht nur in der Ansicht der Stadt – haben das Bild des modernen Braunschweig geprägt. Erstaunlich sachlich und fast distanziert berichtet Luise Rinser über die Jahre zwischen 1939 und 1941, in denen sie mit ihrem Mann Hans Günter Schnell in Braunschweig lebte, als dieser als Kapellmeister am hiesigen Staatstheater engagiert war. Der hier abgedruckte Text ist aus dem ersten Teil ihrer Autobiografie „Den Wolf umarmen" herausgelöst. In die kurze Braunschweiger Zeit fallen ihre erste Buchveröffentlichung, die Erzählung „Die gläsernen Ringe" und die Geburt ihres ersten Sohnes; die Stadt und die Bevölkerung Braunschweigs erlebten zum Teil schwere Bombenangriffe der englischen Gegner. Auffallend ist der lakonische Schreibstil Rinsers, die diese dramatische Zeit, die auch für sie persönlich voller Höhen und Tiefen gewesen sein muss, ohne jegliches Pathos beschreibt.

Uwe Friesel wurde 1939 in Braunschweig geboren und lebte seine ersten dreizehn Jahre im ehemaligen ‚Fliegerviertel', heute ‚Malerviertel' genannt, im östlichen Ringgebiet. 75 Jahre und zwei Weltkriege liegen zeitlich zwischen den Kindheitserinnerungen von Huch und Friesel, in denen sich die Welt radikal verändert hat. Und doch ist es vor allem das Gefühl vom besonderen Zauber der Kindheit, das die beiden Erzählungen gemeinsam haben und von der Kehlmanns trennt.

Von Kriegsende bis zur Währungsreform datiert Friesel seine Kindheit; für die Erwachsenen eine Zeit der Mangelverwaltung und Ungewissheit, die von den Kindern ganz anders wahrgenommen wird. Die Ängste der Mütter stören die Abenteuerlust nur wenig, die in Trümmern liegende Stadt belastet kaum; sogar der ständige Hunger und der Erfindungsreichtum bei der Nahrungssuche scheinen in der Erinnerung Teil des Abenteuers „Nachkriegszeit" zu sein. Gerade Friesels Geschichte über die kindliche Unschuld, die aus der weitgehenden Ignoranz gegenüber der Erwachsenenwelt und der Wirklichkeit genährt wird, macht deutlich, dass Kindheit nicht nur eine zeitliche, sondern vielmehr auch eine räumliche Dimension besitzt. Und dass dieser Kindheits-Ort innerhalb eines Kulturkreises universelle Züge trägt, eigene Regeln, Rituale und natürlich Spiele hat.

Auch die kurze Geschichte von Axel Hacke ist aus der Rückschau auf die Zeit geschrieben, als „die Rangeleien des Erwachsenenlebens" unsere kindliche Begeisterungsfähigkeit noch nicht beeinflussen konnten, und als unsere ‚Helden' noch Menschen aus Fleisch und Blut und nicht ‚gecastet' waren. Der gebürtige Braunschweiger (Jahrgang 1956), der heute nicht nur als Kolumnist der Süddeutschen Zeitung bundesweit Anklang findet, sondern durch seine ‚Verhör-Bücher' wie „Der weiße Neger Wumbaba" auch über die Grenzen hinaus Anhänger hat, trifft schreibend wohl den Nerv all derer, für die „die Eintracht" mehr als nur der heimatliche Fußballverein ist. Die emotionalisierende Geschichte über Aufstieg und Fall der Fußballmannschaft in Blaugelb darf in einem Braunschweiger Lesebuch natürlich nicht fehlen, vor allem weil Hacke den Lesern am Beispiel der Verehrung für Eintracht Braunschweig anschaulich macht, dass auch die ‚kühlen' Norddeutschen große Gefühle empfinden und zeigen können.

Im Jahr 2005 veröffentlichte Uwe Timm seine Erzählung „Der Freund und der Fremde", die aus dem hier wiederveröffentlichten Text „Versuch einer Personenbeschreibung: Benno Ohnesorg" entstanden ist. Timm hat ihn für die Festschrift „Bildung in einer Zeit der Umbrüche" zum 50jährigen Bestehen des Braunschweig-Kollegs geschrieben, der ältesten Einrichtung des zweiten Bildungsweges in Deutschland.

Der Autor macht sich erinnernd auf die Suche nach den Lebensspuren des Freundes Benno Ohnesorg, der 1967 am Rande einer Studentendemonstration erschossen wurde. Uns Lesern zeichnet er das Bild eines stillen, in sich gekehrten jungen Mannes, der 1961 gleichzeitig mit Timm ans Braunschweig-Kolleg kam, hungrig nach Bildung. Ebenso beschreibt er den späteren Studenten Ohnesorg, der im öffentlichen Bewusstsein am Anfang der Studentenbewegung steht, als nicht „sonderlich politisiert", sondern als „sensibel, eindrucksempfänglich, vor allem in ästhetischer Hinsicht", wie es in dessen Kolleg-Akte heißt.

Während Timms Fokus in dem „Versuch einer Personenbeschreibung" auf der Schilderung einer Freundschaft und der gemeinsamen Liebe zur Literatur liegt, richtet sich sein Blick in dem frühen Gedicht „Wolfenbüttelerstraße 53" von 1977 stärker auf den eigenen Selbstfindungsprozess während der Kolleg-Zeit. Und auf seinen Streifzügen durch die Stadt mit Meursault, Timms ‚alter ego' aus Camus' Roman „Der Femde", läßt er Braunschweig wie in wechselnden poetisierten Bühnenbildern vor unserem Leserauge erstehen.

Der aus Damaskus stammende und in der Pfalz lebende Erzähler Rafik Schami ist in den 1980er Jahren mit der damals sogenannten ‚Gastarbeiterliteratur' bekannt geworden. Seit langem schon nutzt er seine große Popularität bei einem breiten Lesepublikum dazu, erzählend zu einem besseren wechselseitigen Verständnis der Kulturen in Orient und Okzident beizutragen. Die einzige Originalveröffentlichung dieser Anthologie ist der Stadt, seinen Freunden und jedem Besucher seiner Erzählzeiten gewidmet, als Dank für ein begeisterungsfähiges Publikum und eine tatsächlich außergewöhnliche Lesung. In der ihm eigenen Erzählweise verbindet Schami erfindungsreich die sorgfältig recherchierten Details über Braunschweig und seine Bevölkerung mit einer typisch orientalischen, märchenhaften Handlung und der Pointe des Kaffeehauserzählers am Ende.

Gemeinsam ist allen Texten dieses Lesebuches, dass sie bislang nur verstreut erschienen oder aber heute nur noch schwer bzw. überhaupt nicht zugänglich sind. Und ein Wunsch ist es, dass durch dieses Buch eine neue, andere Facette Braunschweiger Literatur einem größeren Publikum zur Lektüre gebracht werden kann – das dann so wie ich Lust verspürt, beim Wiederlesen die Personen hinter den Geschichten zu entdecken, um dahinter wiederum Charakterzüge und Eigenarten zu erkennen, die das typisch braunschweigische Wesen ausmachen.

Die Autoren

Georg Oswald Cott, 1931 in Salzgitter geboren, lebt als Dichter in Braunschweig; Autor von Hörspielen, Erzählungen und vor allem Gedichten, u.a. „Lessings Grab" (1997), „Über zwölf Körperlängen" (1998). Er wurde u.a. mit dem Niedersächsischen Künstlerstipendium für Literatur ausgezeichnet und war 1997 Ehrengast in der Villa Massimo in Rom. Der Autor ist Mitglied im P.E.N..

Uwe Friesel, 1938 in Braunschweig geboren, lebt als Schriftsteller und Übersetzer in Stockholm. Er war Mitgründer und Herausgeber der AutorenEdition und 1989-1994 Vorsitzender des Verbandes Deutscher Schriftsteller, schrieb Krimis, Hörspiele und Romane, u.a. „Im Schatten des Löwen" (1982); er ist Mitglied im P.E.N..

Axel Hacke, 1956 in Braunschweig geboren, lebt als Schriftsteller und Kolumnist in München; Werke u.a. „Der kleine König Dezember" (1993), „Der weiße Neger Wumbaba" (2004), „Wortstoffhof. Sprachgeschichten" (2008); u.a. Egon-Erwin-Kisch-Preis 1987 und 1990.

Hermann Hesse, 1877 in Calw geboren, 1962 in Montagnolo/Tessin gestorben, deutscher, ab 1923 schweizer Schriftsteller, Werke u.a. „Unterm Rad"(1906), „Der Steppenwolf" (1927), „Das Glasperlenspiel"(1943); erhielt u.a. 1946 den Nobelpreis für Literatur und 1950 den Wilhelm-Raabe-Preis.

Ricarda Huch, 1864 in Braunschweig geboren, 1947 in Kronstein/Taunus gestorben, studierte und promovierte 1891 in Zürich als eine der ersten Frauen zum Dr. phil., deutsche Dichterin und Historikerin; Werke u.a. „Aus der Triumphgasse" (1902), „Der große Krieg in Deutschland" (3 Bände, 1912-1914), „Herbstfeuer" (Gedichte, 1944); erhielt u.a. 1944 den Wilhelm-Raabe-Preis.

Daniel Kehlmann, 1975 in München geboren, lebt als Schriftsteller in Wien; zahlreiche Auszeichnungen und Veröffentlichungen, u.a. „Ich und Kaminski" (2003) sowie „Die Vermessung der Welt"

(2005); er ist Mitglied der Mainzer Akademie der Wissenschaften und der Literatur. Kehlmann ist Thomas-Mann-Preisträger 2008.

Gerhard Köpf, geboren 1948 in Pfronten/Allgäu, Dr. phil., seit 1984 Professor für Literaturwissenschaft an der Universität Gesamthochschule Duisburg-Essen, lebt als Schriftsteller in München; Werke u.a. „Innerfern" (1983), „Die Strecke" (1985), „Käuze in Pfeffer und Salz" (2008); u.a. Preis der Klagenfurter Jury 1983, Villa-Massimo-Stipendium 1985, 1990 Wilhelm-Raabe-Preis der Stadt Braunschweig; Mitglied im P.E.N. und in der Bayerischen Akademie der Schönen Künste.

Luise Rinser, 1911 in Landsberg-Pitzling/Oberbayern geboren, 2002 in Unterhaching bei München gestorben, deutsche Schriftstellerin, Werke u.a. „Mitte des Lebens" (1950), „Daniela" (1953), „Mirjam" (1983); zahlreiche Auszeichnungen, u.a. 1979 die Roswitha-Gedenkmedaille der Stadt Gandersheim.

Rafik Schami, 1946 in Damaskus geboren, seit 1971 in der Bundesrepublik Deutschland, syrisch-deutscher Schriftsteller und promovierter Chemiker, lebt in der Pfalz; Mitbegründer der Literaturgruppe „Südwind" und des PoLiKunst-Vereins; Werke u.a. „Eine Hand voller Sterne"(1987), „Die Sehnsucht der Schwalbe" (2000), „Die dunkle Seite der Liebe" (2004); u.a. Adelbert-von-Chamisso-Preis (1993), Hermann-Hesse-Preis (1994).

Karin Tantow-Jung, geboren 1957 in Homburg/Saar, Studium der Germanistik und Kunstgeschichte, Promotion zum Dr. phil., lebt in Braunschweig; Dozentin an der TU Braunschweig. Publikationen u.a. „Sieh nach den Sternen, gib acht auf die Gassen" (2003).

Uwe Timm, 1940 in Hamburg geboren, Abitur am Braunschweig-Kolleg, studierte Philosophie und Germanistik, Promotion zum Dr. phil., lebt als Schriftsteller in München; Werke u.a. „Der Mann auf dem Hochrad" (1984); „Die Entdeckung der Currywurst" (1993), „Am Beispiel meines Bruders" (2003); Mitglied der Deutschen Akademie für Sprache und Dichtung; internationale Preise.

Quellenverzeichnis

Georg Oswald Cott, Denkmäler,
aus: Die Landschaft im Kopf
©1994 Braunschweigische Landschaft e.V., Braunschweig.

Daniel Kehlmann, Der Lehrer, aus:
Daniel Kehlmann, Die Vermessung der Welt
©2005 by Rowohlt Verlag GmbH, Reinbek bei Hamburg.

Ricarda Huch, Braunschweig in meiner Kinderzeit
©1954 Stadt Braunschweig.

Hermann Hesse, Besuch bei einem Dichter, aus:
Wilhelm-Raabe-Preisträger, Vier Ansprachen
©1981 Literarische Vereinigung Braunschweig e.V..

Gerhard Köpf, Das Geheimnis der Roten Schanze, aus:
Gerhard Köpf, Eulensehen, Roman
Samt Vor- und Nachwort der Eule
©1989 Carl Hanser Verlag, München.

Luise Rinser, Mitten im Feuerofen, aus:
Luise Rinser, Den Wolf umarmen
©1981 S. Fischer Verlag GmbH, Frankfurt am Main.

Uwe Friesel, Cadburry und schwebende Klaviere,
aus: Braunschweig zu Fuß
©1991 VSA Verlag, Hamburg.

Uwe Timm, Versuch einer Personenbeschreibung:
Benno Ohnesorg, aus: 50 Jahre Braunschweig-Kolleg
©1999 Verein der Freunde des Braunschweig-Kollegs e.V..

Uwe Timm, Wolfenbüttelerstraße 53
©1977 by Uwe Timm.

Axel Hacke, Meine erste Liebe: Eintracht
in: Braunschweiger Zeitung, 20.05.2000
zuvor erschienen in: Der Tagesspiegel, Berlin.

Rafik Schami, Eine harmlose Lesung in Braunschweig,
Originalabdruck in: Braunschweiger Lesebuch
©2008 edition kemenate.

Die Publikation „Braunschweiger Lesebuch" wurde
gefördert und unterstützt von

Stadt

und

Bibliografische Information der Deutschen Nationalbibliothek

Die Deutsche Nationalbibliothek verzeichnet diese Publikation in der
Deutschen Nationalbibliografie;
detaillierte bibliografische Daten
sind im Internet über http://dnb.d-nb.de abrufbar.

Herausgegen von Dr. Karin Tantow-Jung, Braunschweig

© Foto: „Wolken über Braunschweigs Mitte", Klaus Ebach,
art plakat, Braunschweig
Druck: Ruth Printmedien, Braunschweig

© edition kemenate, Braunschweig 2008
ISBN 978-3-00-024735-4